COLLECTION

DES

MORALISTES ANCIENS.

COLLECTION

DES

MORALISTES ANCIENS,

DÉDIÉE AU ROI.

A PARIS,

Chez **DIDOT L'AÎNÉ**, Imprimeur du Clergé,
en surv. rue Pavée S. A.

Et **DE BURE L'AÎNÉ**, Quai des Augustins.

M. DCC. LXXXII.

PENSÉES MORALES

DE DIVERS

AUTEURS CHINOIS,

RECUEILLIES

ET TRADUITES DU LATIN ET DU RUSSE

PAR M. LEVESQUE.

AU LECTEUR.

C'est de nos jours seulement qu'on a pensé à faire de la morale une science fondée sur un petit nombre de principes incontestables dont les conséquences, enchaînées les unes aux autres, fussent également démontrées.

Locke est, je crois, le premier qui ait indiqué ce plan aux amis de l'humanité. Et quel homme eût été plus capable que lui de le suivre? mais il en fut malheureusement détourné par ses autres méditations.

Pour trouver les vrais principes de nos devoirs, & même de la politique, il faut les chercher dans les rapports qui lient le souverain au sujet, les citoyens à leurs concitoyens, les nations aux nations, l'homme à l'homme.

Mais fi l'on peut refufer aux anciens l'éloge d'avoir fait, de la morale, une fcience proprement dite, on doit au moins admirer & méditer les belles maximes qu'ils nous ont transmifes.

C'eft en recueillant avec soin ces maximes détachées, qu'on pourra parvenir à fonder le vrai fyftême de la morale ; comme c'eft en raffemblant une longue série d'obfervations & d'expériences, qu'on trouvera peut-être, après une suite de fiecles, le véritable fyftême de la nature.

Ainfi l'objet de notre travail doit être de chercher dans les débris de l'antiquité les matériaux dont pourra fe former un jour un corps complet de morale.

Ce n'étoit pas afsez, pour fuivre ce defsein, d'avoir recueilli dans les livres des Chinois les principales maximes de Confucius : les autres philofophes qui font leur gloire d'être comptés parmi fes difciples nous offroient encore après lui des richefses. Nous avons relu avec attention tous ceux de leurs ouvrages qui ont été traduits en latin, ou que le P. Duhalde nous a fait connoître.

Nous avons encore puisé dans une autre source. M. Léontief, secrétaire du college des affaires étrangeres de Russie, a vécu parmi les Manjours, dont les souverains regnent aujourd'hui à la Chine. Il a étudié leur langue, & en a traduit des ouvrages de morale composés par des empereurs, des ministres, des mandarins. Nous avons extrait de ce recueil ce qui devoit entrer dans notre plan.

Nous indiquerons par des notes les différents ouvrages que nous

avons fait contribuer à former notre recueil.

La méthode que nous avons
suivie dans notre traduction est la
même que nous nous étions formée
pour les pensées de Confucius :
mais nous avons traduit littéralement les morceaux que nous a four-
nis M. Léontief, parceque lui-même
les a traduits du manjour, qui, par
la forme & la construction, se rap-
proche bien plus que le chinois des
langues de l'Europe, & dans lequel
on dit que les livres chinois sont
fidèlement rendus (1).

____

(1) Il seroit à souhaiter, dit le P. Amior,
que quelques savants de l'Europe étudias-

On trouvera peut-être que nous avons recueilli un trop grand nombre de maximes qui ne s'adreſsent qu'aux chefs des nations & à leurs miniſtres : mais qu'on les médite, & l'on reconnoîtra qu'elles peuvent s'appliquer à l'homme privé. Le

---

ſent la langue des Mantchoux ; (c'eſt ainſi que nous appellons les Manjours.) Il n'eſt aucun bon livre chinois qui n'ait été traduit en cette langue par de ſavantes académies, & ſous les auſpices des ſouverains. Ces verſions ont été encore revues par d'autres académies, dont les membres ſavoient parfaitement les deux langues. On sent combien de ſemblables traductions doivent être ſupérieures à celles qu'entreprennent

monarque doit choisir ſes miniſtres; & le particulier, ſes amis, ſes
aſſociés, ſes agents, ſes conſeils :
le prince eſt chargé du gouvernement d'un peuple ; & le particulier,
de celui d'une famille.

Pluſieurs penſées que nous avons

---

des Européens d'après le chinois, qu'ils ne
ſavent jamais qu'imparfaitement.

La langue des Mantchoux eſt dans la
forme de nos langues : elle eſt claire, elle
a ſa méthode & ſes regles ; on en a fait
des dictionnaires complets ; &, avec de
l'application, on pourroit, en moins de
ſix ans, faire aſſez de progrès dans cette
langue pour avoir l'intelligence de tous les
livres.

B

conſervées ſembleront communes & triviales. Nous aurions eu peut-être la foibleſſe de les effacer, ſi elles nous appartenoient : nous aurions eu tort. Il s'agit bien d'examiner, en morale, ſi des penſées sont fines, ſaillantes, ingénieuſes ! Sont-elles vraies, sont-elles utiles ? il ſuffit. Elles sont nouvelles pour toi, Lecteur, ſi tu ne les a pas encore ſuivies.

PENSÉES MORALES
DE DIVERS
AUTEURS CHINOIS.

I. *

TRAITEZ les étrangers avec humanité, inſtruiſez vos voiſins, secondez les talents, donnez votre confiance aux gens de bien, & rompez tout commerce avec les hommes corrompus.

(*) Du Chou-King, ouvrage hiſtorique, compris dans les livres claſſiques du premier ordre.

B ij

II.

QU'UNE bonne action, même douteuſe, ne reſte jamais ſans récompenſe.

III.

LOIN de mépriſer le peuple, ayez pour lui de l'amour. Il eſt le fondement de l'état. Si ce fondement eſt ſolide, l'état ne sera point ébranlé.

IV.

QUAND le feu s'élance du ſommet d'un volcan, il calcine indifféremment le vil caillou & la pierre précieuſe. Un miniſtre ſans vertu eſt encore plus deſtructeur que les feux des volcans.

V.

PROTÉGER les talents, animer la vertu, & récompenſer la droiture

& la fidélité ; maintenir la paix des hommes honnêtes, relever le courage des foibles, calmer les diſſentions & punir les crimes : voilà ce qui rend un état floriſſant.

VI.

Qui sait ſe choiſir un maître eſt digne de régner. On eſt capable de tout quand on sait prendre des conſeils : mais on eſt bien peu de choſe, quand on croit ſe ſuffire à soi-même.

VII.

Pensez avant que d'agir ; & ne commencez rien ſans avoir bien conſulté les circonſtances.

VIII.

On étouffe les vertus qu'on a, quand on croit en avoir aſſez ; & l'on perd le fruit de ſes bonnes ac-

B iij

tions, quand on les vante soi-même.

I X.

ON s'éclaire, en inftruifant les autres. Celui qui s'applique à donner aux autres des préceptes fait lui-même des progrès dont il ne s'apperçoit pas d'abord.

X.

LE Ciel établit les rois pour gouverner les peuples & pour les inftruire. Ils sont ici bas les miniſtres de la divinité. Elle les a placés ſur la terre pour la gouverner avec douceur, pour effrayer le crime & protéger l'innocence.

X I.

LE mépris décourage les hommes & abat leur vertu.

X I I.

LA premiere pensée d'un ſage

monarque n'est pas de s'abandonner aux plaisirs. Il s'instruit d'abord des travaux que supportent les laboureurs ; il se fait rendre compte des peines qu'ils se donnent pour semer & pour recueillir ; & quand il apprend enfin que de riches moissons ont couronné leurs espérances, c'est alors qu'il se livre au sentiment de la douce joie.

XIII.

On a murmuré contre vous, on a mal parlé de vous : que vous servira de vous irriter ? Unissez-vous plutôt à vos censeurs ; reprochez-vous à vous-même les fautes qu'on vous impute, & faites des efforts pour devenir plus vertueux.

XIV.

O Législateurs! vous que

la prudence & la sagesse doivent distinguer du reste des hommes, prenez garde aux peines que vous décernerez contre le crime. Vos loix, une fois promulguées, doivent être suivies. Il seroit dangereux de les laisser sans effet; il seroit atroce de les exécuter si elles sont inhumaines.

X V.

ON est curieux de voir un sage : on le voit; & on ne profite pas de ses leçons.

X V I.

N'AYEZ ni aversion ni mépris pour les esprits bornés : n'exigez pas qu'un homme soit parfait en tout.

X V I I.

CELUI qui gouverne doit s'atta-

cher à ce qui durera long-temps
après lui ; & celui qui parle, à ne
dire que ce qui est nécessaire, & à
le dire en peu de mots.

XVIII.

Vous qui présidez au gouvernement, qui êtes préposés à l'exécution des loix, n'êtes-vous pas à
la place du Ciel, pour servir de pas-
teurs aux peuples ? Faites prudem-
ment un choix de personnes qui
méritent votre confiance : ne punissez pas légèrement, & réfléchissez
long-temps avant de prononcer :
mais sur-tout ne cherchez pas des
hommes éloquents pour juger les
coupables, mais des hommes justes,
doux & sinceres.

XIX.

Il n'est pas difficile de reprendre

dans les autres ce qu'ils ont de vicieux : la difficulté est de recevoir les avis & les réprimandes des autres, sans les laisser couler comme l'eau.

X X. *

UNE fois accoutumé à l'obéissance filiale, il est bien rare qu'on désobéisse au magistrat : & quand on respecte le magistrat, on ne trouble jamais l'état par des factions.

X X I.

AIMES-TU les sages & les hommes honnêtes ? respectes-tu tes

(*) Du Loun-You, ou Livre des sentences, compris dans les livres classiques du second ordre. C'est dans cette source que nous avons puisé le plus grand nombre des pensées de Confucius.

parents ? es-tu prêt à donner ton
fang pour ton prince & pour ta
patrie ? ce n'eft pas tout encore.
Connois-tu les devoirs de l'amitié ?
crains-tu de ne les pas obferver ?
es-tu vrai dans tes difcours, de
bonne foi dans tes actions ? va, tu
peux n'avoir fait d'ailleurs aucune
étude, je te trouve un très favant
homme.

XXII. *

Le peuple, dans un temps de
difette, éprouve toutes les horreurs

(*) De Meng-Tfou, auteur d'un livre
claffique qui porte fon nom. Il eft mort
âgé de quatre-vingt-quatre ans, trois cents
quarante-huit ans avant notre ere. Il eft
regardé comme le second philofophe de la
Chine. Sa poftérité fubfifte encore, & jouit
de grands privileges à la cour.

du befoin, & ne peut trouver aucun fecours dans les palais des princes & des grands : mais j'y vois des chiens & des chevaux gras & bien nourris. Il femble qu'on les entretienne pour dévorer les hommes.

XXIII.

PRINCE, vous voulez choifir de bons miniftres ? Si vous entendez dire à vos courtifans, Cet homme a des talents & de la fageffe ; ne vous hâtez pas de le croire. Si vos confeillers difent la même chofe, doutez encore. Mais fi les mêmes éloges sont répétés par le peuple, alors examinez cet homme & le mettez à l'épreuve. De même vous entendez dire à vos courtifans, Cet homme eft incapable ; défiez-vous de leur rapport. Vous l'entendez dire à vos conseillers ; ne lui ôtez pas encore votre confiance. Enfin le peuple pense de même : voilà le moment d'examiner si l'accusation ne seroit pas fondée.

XXIV.

De la chaleur du sang naît un courage machinal & désordonné. La véritable valeur est dirigée par la raison.

XXV.

Si vous doutez de la justice d'une action, il faut vous en abstenir.

XXVI.

Un laboureur trouvoit que sa semence s'élevoit trop lentement de terre, & la couvroit à peine d'une verdure naissante. Impatient, il veut corriger par son travail la paresse de la nature : il se fatigue tout un jour à tirer chaque tige l'une après l'autre, & s'applaudit le foir d'avoir donné à fon champ une plus belle apparence. Mais il avoit rompu les racines. Il revient le lendemain, ne voit plus qu'une herbe rampante & defséchée, & perd l'efpérance de la moifson. Vouloir jouir trop tôt, c'eft refsembler à ce ftupide laboureur. Si vous voulez parvenir au bien, travaillez conftamment, & ne vous fixez pas un terme.

XXVII.

ON aime la gloire, on craint la honte, & cependant on ne réfifte pas au vice. C'eft fe loger au milieu d'un marais quand on craint l'humidité.

XXVIII.

COMME les perfonnes privées

n'ont que leurs propres intérêts à ménager, en elles la douleur est foiblesse. Mais l'empreinte de la tristesse sied bien sur le front d'un homme d'état, qui, chargé des intérêts publics, ne peut ni soulager les souffrances du peuple, ni corriger les vices du monarque.

XXIX.

Les anciens sages, les personnages illustres dont les grandes qualités étonnerent autrefois l'univers, n'étoient cependant que des hommes. Ne suis-je pas un homme moi-même ? Ne puis-je pas les imiter, devenir leur égal ? Pourquoi regarder leur gloire d'un œil timide, lorsque je puis m'élever jusqu'à leurs vertus ?

XXX.

Sɪ les vices du gouvernement entraînent le peuple vers le crime, c'eſt l'attirer bien cruellement dans les filets de la juſtice qui le punit.

XXXI.

Oɴ réclame en vain l'égalité : il exiſte , il doit exiſter deux sortes d'hommes. Les uns fatiguent leur eſprit, & les autres leurs bras : ceux-ci ont beſoin d'être conduits, & les autres dirigent. Les premiers reçoivent des autres la ſubſiſtance, & les seconds la leur procurent. Tel eſt le fondement de la ſociété. Si perſonne n'éclairoit, ne conduiſoit le peuple, le genre humain différeroit peu de la brute.

XXXII.

Toᴜᴛ ſe fait dans la ſociété par

des échanges mutuels. L'agriculteur donne du blé au tisserand, & il en reçoit de la toile. L'architecte vous bâtit une maison, &, par le prix que vous accordez à ses travaux, il pourvoit à ses besoins, il soutient sa famille. Le sage, par son exemple & par ses leçons, communique aux autres la sagesse : lui envierez-vous les récompenses qu'il reçoit en échange ? Ce n'est pas qu'il vous demande un prix de sa vertu : mais ses bienfaits l'exigent de vous.

XXXIII.

Si vous ne mettez auprès de votre fils que des gens qui parlent bien, il est impossible qu'il contracte un mauvais langage ; car ce seroit apprendre, seul & sans secours, une langue étrangere. De même, s'il n'entend que des paroles honnêtes, s'il ne voit que des actions vertueuses, il ne pourra se plonger dans le vice ; &, quand il le voudroit chercher, il n'en trouveroit pas le chemin.

XXXIV.

QUAND, dans toutes ses actions, le prince ne consultera pas la justice, ses ministres, livrés au soin de le flatter, négligeront de faire observer les loix. Bientôt l'honneur, la vérité, la pudeur, fuiront loin de la cour. Les magistrats abandonneront leurs devoirs, les sujets se laisseront conduire à leurs passions, les faux intérêts personnels seront seuls écoutés ; & si l'empire ne tombe pas en ruine, il en faudra rendre graces à la fortune.

XXXV.

EN effet, les places sont-elles mal fortifiées, les soldats mal armés ? reste-t-il des terres incultes ? l'état peut encore se soutenir. Mais il penche vers sa ruine, si les chefs méconnoissent la justice & les loix ; les subalternes, la discipline ; & le peuple, les mœurs.

XXXVI.

L'ARTISTE qui veut faire un cercle parfait doit employer le compas. L'homme qui veut remplir parfaitement ses devoirs doit étudier les leçons & les exemples des sages.

XXXVII.

LES mauvais princes sont punis par les horreurs de la crainte, & par les horreurs encore plus affreuses de la haine qu'ils excitent. Ils ne trouvent pas même un aſyle dans le tombeau : la poſtérité pourſuit leur mémoire, & vingt ſiecles écoulés ne peuvent effacer leur opprobre.

XXXVIII.

AIMES-TU les autres ſans en obtenir du retour ? cherchent-ils à te réſiſter, quoique tu les conduiſes avec prudence ? manquent-ils pour toi d'égards, quand tu les traites avec honnêteté ? Examine-toi bien, & cherche quel vice ſecret nuit à tes vertus.

XXXIX.

L'AMOUR de ſes ſemblables eſt l'aſyle de l'homme ; & l'équité, le vrai chemin qui le conduit au bonheur. Quitter un aſyle ſûr, abandonner le meilleur chemin, n'eſt-ce pas une folie digne de pitié ?

X L.

Tu veux paroître honnête & modéré! Mais l'homme honnête ne méprise, n'insulte personne: l'homme modéré, content de ce qu'il possede, ne fait de tort à personne.

X L I.

C'est le vice de bien des hommes de vouloir s'ériger en maîtres des autres, lorsqu'eux-mêmes devroient long-temps encore se contenter d'être disciples.

X L I I.

Tu aimes à publier les défauts d'autrui! puisses-tu prévoir les chagrins que tu te prépares à toi-même!

X L I I I.

L'homme n'est distingué des autres animaux que par l'intelligence. Quelques uns la cultivent, le plus grand nombre la néglige. Ils femblent vouloir renoncer à ce qui les sépare de la brute.

XLIV.

UN homme avoit deux femmes & les laiſsoit mourir de faim. Il ſortoit dès le matin, & ne rentroit que le ſoir, raſsaſié, fier & content. A l'en croire, il dînoit chaque jour chez les plus grands ſeigneurs ou les plus riches particuliers de la ville. Cependant jamais aucun ſeigneur ne lui rendoit viſite, jamais on ne recevoit de leur part aucun meſ-ſage. Cela rendit ſuſpectes aux deux femmes les brillantes liaiſons de leur époux. L'une d'elles voulut s'en éclaircir : elle le ſuivit un jour de loin ſans en être apperçue. Croyez-vous qu'elle le vit entrer dans quelque palais ? Point du tout. Il traverse toute la ville sans être abordé de personne, sans que personne daigne lui parler ni même lui accorder un salut. Il gagne la campagne, entre enfin dans un cimetiere, & mange les restes d'un repas funebre (1). Il rentre dans la ville, mendie de porte en porte, reçoit & dévore les restes des tables & de la valetaille. La femme revient chez

____

(1) C'est un usage chez une grande partie des peuples orientaux de faire, après les enterrements, un repas sur les bords de la fosse. J'ai remarqué, en écrivant l'histoire de Russie, que les Russes, avant leur conversion au christianisme, pratiquoient cet usage, parceque leurs mœurs, comme leur origine, étoient orientales.

elle, couverte de honte, & le défef-
poir dans le cœur. Ne connoîtriez-
vous pas quelques gens qui refsem-
blent à cet homme ? Oui, fans
doute ; & ce sont prefque tous ceux
qui recherchent les grands emplois.
Ils s'humilient en fecret, & ne rou-
gifsent d'aucune bafsefse ; mais ,
chez eux, rien n'égale leur orgueil.
Si leurs femmes voyoient l'abjection de leurs fuperbes époux, elles
rougiroient & verferoient des larmes, comme la femme du mendiant
que fon mari avoit fi long-temps
trompée.

X L V.

AIMER les gens à talents & les
sages, & leur refufer l'accueil qu'ils
méritent ; c'eft les inviter, & leur
fermer en même temps la porte.

XLVI.

On ne peut, sans quelque étude, apprendre le jeu le plus simple ; & l'on veut, sans aucun travail, se former à la vertu !

XLVII.

L'homme doit se nourrir, sans doute : mais il ne suffit pas qu'il nourrisse son corps; il doit se nourrir tout entier, & sur-tout alimenter son intelligence, qui est la plus belle partie de lui-même.

XLVIII.

L'un cultive son intelligence ; il va prendre sa place entre les grands hommes : l'autre n'est occupé que de son corps ; il continuera de ramper avec le vulgaire.

XLIX.

Si les hommes cherchent la vertu,

D

ils sont sûrs de la trouver : mais ils aiment bien mieux chercher les richesses & les honneurs, qui dépendent des autres, & que, peut-être, ils n'obtiendront jamais.

L.

L'HORREUR des mépris & de la pauvreté, l'amour des honneurs & des richesses ; voilà ce qui aveugle les hommes. Telle une faim dévorante empêche de sentir la mauvaise saveur des aliments.

O véritablement sage celui que les honneurs ni l'abjection ne peuvent détourner un instant du juste & de l'honnête !

L I.

DANS la joûte de la vertu, ne prenez pas garde au commencement du combat ; attendez-en la fin. C'est peu de commencer, il faut finir. Ainſi le mercénaire qui creuſe un puits, s'il s'arrête ſans trouver l'eau après avoir fouillé quelques toiſes, a perdu ſon temps & ſa peine. Autant vaudroit qu'il n'eût pas travaillé.

L I I.

Le peuple craint les loix, mais il aimeroit les préceptes de la vertu. Les loix contraignent ; les préceptes de la vertu attirent.

L I I I.

La ſubſiſtance doit s'acheter au prix du travail : mais le plus glorieux, le plus utile des travaux, n'eſt-ce pas l'exemple que donne le sage ?

L I V.

On a donné trop d'éloges à cet

auftere lettré qui refufoit de man-
ger un plat de riz , quand il foup-
çonnoit qu'il avoit été acquis injuf-
tement ; qui fuyoit d'une maifon
dont il méfeftimoit le propriétaire.
Mais il abandonnoit fa mere ; mais
il refufoit tous les emplois, dédai-
gnant de fervir fes concitoyens & fa
patrie : fectateur des vertus ftériles
& minutieufes, trop au-deffous en
effet des vertus utiles.

L V.

QUE ce jeune prince a de graces!
quelle noblefse ! comme il fe dif-
tingue bien , par fon extérieur, des
autres enfants de fon âge! Eh ! que
m'importe ? jufqu'à ce qu'il fe dif-
tingue par fes vertus , je ne vois en
lui qu'un enfant & que le fils d'un
homme.

LVI.

Ce prince nourrit des sages : mais je vois qu'il nourrit auſſi des animaux. Il ne ſuffit pas de nourrir, de penſionner un sage : il faut le chérir, l'honorer, & ſur-tout mettre à profit ſes préceptes.

LVII.

J'aime autant l'homme qui ne lit aucun livre, que celui qui croit tout ce qu'il trouve dans les livres.

LVIII.

Les grands hommes & les sages donnent, du fond de leurs tombeaux, de grandes & utiles leçons à la poſtérité. Ils ont ceſsé de vivre : mais leurs ouvrages & leurs exemples ne sont point ſujets à la mort, & ils seront encore les maîtres des ſiecles à venir.

LIX.

ÊTES-VOUS insulté ? rentrez en vous-même, examinez si vous n'avez pas mérité cet outrage. Vous êtes sûr de votre innocence? eh bien! dédaignez de vaines clameurs, comme vous feriez les aboiements d'un chien foible & hargneux. Confucius lui-même, & tous les grands hommes, ont eu leurs détracteurs : mais les cris impuissants de l'envie n'ôtent rien au sage de son repos ni de sa gloire.

LX.

COMBIEN d'hommes négligent leur champ, & s'arrogent une inspection sur celui de leur voisin !

LXI.

LA personne d'un grand vous en impose ; son regard vous fait bais-

ser les yeux. Mais ofez donc enfin le confidérer. Eſt-il ce que vous
voudriez être à ſa place ? Non. Pourquoi donc le reſpectez-vous ?

LXII.

Le vrai moyen de conſerver un
cœur pur, c'eſt de preſcrire des bor-
nes à ſes defirs. Alors, ſi l'on s'écarte
quelque temps du ſentier de la vertu, on y rentrera bientôt.

LXIII. *

On eſt rebuté du travail, quand
il s'agit de parvenir à la vertu : mais
qui voit-on renoncer aux biens de
la fortune, parcequ'ils coûtent des
peines à acquérir ?

LXIV.

Ne dites jamais : Cette faute eſt

(*) Du Tchou-Hi, dans Duhalde,
tome 2, p. 266.

légere ; je puis me la permettre fans
danger. Ne dites jamais : Cet acte de
vertu eft peu confidérable ; il m'eft
bien permis de l'omettre.

LXV. *

QUAND le gouvernement eft
doux , le peuple craint la mort,
parcequ'alors la vie eft agréable.
Quand la rigueur du gouvernement
eft exceffive, on cefse de craindre
la mort, parceque la vie eft infup‑
portable.

LXVI.

LE magiftrat défintérefsé ne fait
que fon devoir. Il ne le fait pas mê‑
me encore : c'eft peu de s'interdire

_____

(*) Du recueil de Maximes, Réflexions
& Exemples , traduit par le P. d'Hervieu,
& inféré dans l'ouvrage de Duhalde ,
tome 3 , p. 186.

le crime, quand on doit éviter jusqu'aux fautes.

LXVII.

L'homme en place se trompe,
si, par un travail assidu de plusieurs
années, il croit avoir acquis le droit
d'être moins appliqué. A-t-il besoin
de repos ? qu'il se retire.

LXVIII.

Faire du bien à ceux qui ne
peuvent payer de retour, c'est amas-
ser un trésor de vertu, qui n'en est
pas moins riche pour être caché :
c'est quelquefois préparer un riche
héritage à ses enfants.

LXIX.

Combien de fois on dissipe, pour
un plaisir d'un instant, ce qui pourroit arracher à la mort des centaines
d'infortunés !

L X X.

ON bâtit des palais pour loger un feul homme : ne vaudroit - il pas mieux conftruire d'humbles édifices pour loger tant de malheureux qui n'ont pas où repofer leur tête ?

L X X I.

VOUS êtes déja riche, & l'on ne vous voit occupé que du soin d'augmenter vos richefses. Pour qui ? pour vos enfants ? Sachez que, peut-être, vous préparez leur perte. Pour l'homme vertueux, les grands biens sont plus incommodes qu'utiles, parcequ'ils partagent fon attention ; mais l'homme fans vertu ne trouve dans les richefses que de nouveaux moyens de fatisfaire fes vices.

LXXII.

Vous avez tort de mériter des réprimandes : vous avez un nouveau tort de ne favoir pas les supporter.

LXXIII.

Celui qui promet légèrement est fouvent obligé de manquer à fa parole, & fe rend indigne de toute confiance. Mais fur-tout ne vous fiez jamais à l'homme qui dit le pour & le contre fur une même affaire.

LXXIV.

Il eft honteux de tromper ceux avec qui nous vivons : il eft un crime plus odieux encore ; c'eft de mentir à la poftérité.

LXXV.

On m'attribue une mauvaife intention : eh! que m'importe, fi je ne l'ai point en effet ? On m'attribue une action condamnable : eh! pourquoi m'affliger, fi j'en suis innocent ? L'opinion des autres peut-elle me dépouiller de ma vertu ?

LXXVI.

DES voleurs entrerent dans un village, & ne laifserent la vie qu'à deux hommes ; l'un étoit aveugle & l'autre paralytique. L'aveugle chargea le paralytique fur fes épaules, le paralytique indiqua le chemin à l'aveugle, & tous deux gagnerent un afyle. Ainfi les traverfes de la vie deviennent plus légeres, quand les hommes s'aident mutuellement.

LXXVII.

ACCORDER un bienfait, & en exiger enfuite du retour, c'eft rétracter le bien qu'on a fait & en perdre le mérite.

LXXVIII.

Quand j'entends dire du mal d'autrui, dit un poëte, j'éprouve la même douleur que me causeroient des épines aiguës qui me perceroient le cœur : mais quand j'entends dire du bien de quelqu'un, je sens le même plaisir qu'exciteroit en moi l'odeur la plus suave des fleurs.

LXXIX.

Vous ne prenez que ce qui vous est dû, & vous prétendez au beau titre d'homme désintéressé. C'est trop, sans doute : mais on ne peut vous refuser l'éloge de n'être pas un brigand.

LXXX.

Un pere de famille doit travailler

E

à conserver sa fortune ; mais ce soin ne doit pas être trop minutieux. Je m'apperçois qu'on me vole, disoit un maître à son jardinier : quel remede apporter à cela ? Je n'en sais qu'un, répondit le jardinier ; c'est de compter cette perte de moins dans votre revenu. Voilà, dit le maître à son fils, une bonne leçon, dont tout propriétaire doit faire son profit.

L X X X I.

VEUT-ON traiter les affaires avec succès ? il faut d'abord se résoudre intérieurement à céder quelque chose de son droit.

L X X X I I.

QU'EST-CE que cette vie ? En repassant sur mes années écoulées, je ne trouve que vuide & que néant.

Il me semble avoir fait un songe, dans lequel j'ai passé par mille états différents, toujours agité d'idées vaines, qui se sont évanouies comme une fumée légere. Je ne vois en ce monde qu'une vaste mer & un grand fleuve : c'est la mer de nos douleurs, dont on ne voit pas les rivages ; c'est le fleuve de nos desirs, dont on ne trouve pas le fond. L'homme est porté sur une barque fragile, toujours battue des vents & des flots, & faisant eau de toutes parts.

LXXXIII.

Où le cœur doit-il chercher la paix ? Ce n'est pas dans la haute fortune, ce n'est pas dans les plaisirs. S'ils durent long-temps, ils nous lassent, & la satiété va jusqu'au dégoût. Dans les grandes places, on desire la retraite ; dans les grandes fêtes, le repos. Il n'eſt que la ſageſse qu'on aime d'autant plus qu'on y fait plus de progrès.

LXXXIV.

DES gens ſe plaignent de ne pas trouver le repos. Ils le trouveroient aiſément ; mais leurs cœurs sont incapables de le goûter.

LXXXV.

D'AUTRES gémiſsent de n'avoir pas aſsez de biens : qu'ils gémiſsent plutôt de ne ſavoir pas ſe contenter du néceſsaire.

LXXXVI.

LA vie de l'homme eſt un voyage : il en faut franchir le chemin, quel qu'il ſoit. Il eſt bien rare de le trouver égal. Mais, ſi d'abord il eſt dangereux, étroit & difficile, on peut efpérer qu'il deviendra dans la suite sûr, commode & fpacieux.

LXXXVII.

Un bonze avoit fait une grande collection de bijoux précieux : il les montroit un jour à fon confrere. Je vous remercie bien de vos tréfors, dit celui - ci après les avoir vus. Pourquoi me remercier ? reprit le poffeffeur ; je ne vous les donne vraiment pas. Je le fais, dit fon compagnon ; mais je les regarde, & vous n'en faites pas un autre ufage : vous n'avez de plus que moi que la peine de les garder.

LXXXVIII.

En paffant d'une humble condition à des poftes élevés, il ne faut ni oublier les bienfaits qu'on a reçus, ni se ressouvenir des injures.

LXXXIX.

VIEILLIR, être malade, & mourir, voilà les plus grands maux de la vie. Les richesses n'apportent point de remede à tout cela : mais, par elles, souvent on vieillit plutôt, on tombe plus souvent malade, & l'on parvient plutôt à la mort.

XC.

CE qu'il faut pour se nourrir, se loger, se vêtir, est bien peu de chose. On desire le reste pour se conformer au goût des autres, ou pour les éblouir.

XCI.

IL est des gens qui ressemblent à un poignard toujours en mouvement & prêt à blesser. On les craint : mais ils se nuisent à eux-mêmes encore plus souvent qu'aux autres. Comme ils parlent au premier venu sans ménagement, sans réserve, ils sont presque toujours trahis. Ils se font des ennemis de ceux même qui les avoient obligés, & ont bientôt perdu tout ce qu'ils avoient à perdre.

XCII.

N'écrivez pas dans l'émotion de la colere. Un coup de langue est souvent plus dangereux qu'un coup de poignard : que sera-ce d'un coup de plume ?

XCIII.

Princes, faites du bien avec plaisir, punissez à regret. Commencez par être bons, ensuite soyez justes ; c'est une des principales maximes du gouvernement.

XCIV.

IL eſt une eſpece de gens bien dangereuſe & bien maligne : l'éloge des talents & de la vertu excite leur colere. Louez-vous quelqu'un devant eux ? vous les trouvez toujours prêts à vous contredire. Dorment-ils ? l'envie les réveille. S'ils peuvent rendre ſuſpect le bien que vous avez dit d'un autre ; s'ils peuvent le détruire dans l'eſprit de ceux qui vous écoutent ; ils éprouvent une joie atroce, & s'applaudiſsent eux-mêmes. Il leur manque une victoire encore plus flatteuſe pour leur mauvais cœur: c'eſt de vous faire rougir d'avoir été juſte.

XCV.

UN bon livre, un bon diſcours, peuvent faire du bien : mais un bon

exemple parle bien plus éloquem-
ment au cœur.

XCVI.

Quand je me présente devant
les portraits des grands hommes,
disoit un sage, si je me sens coupable de quelque faute, je n'en éprouve pas moins de honte, que si je
recevois en public une peine flétris-
sante.

XCVII.

Le pouvoir de l'homme est bien
borné, & ses succès sont toujours
bien foibles. Jamais il ne réunira
l'approbation générale, jamais il ne
fera taire la voix de la critique, jamais il ne pourra se mettre au-dessus
de ses propres reproches. Faites peu
de fautes, disoient les plus sages des
anciens.

XCVIII.

ON vous propose des honneurs, du profit. Ne demandez pas si ces honneurs sont grands, si ce profit est considérable, mais si la chose est juste.

XCIX.

CELUI qu'on aime n'a point de défauts : si l'on vient à le haïr, il n'a pas de vertus.

C.

JE reçois la visite d'un homme considérable, & j'en tire vanité : pourquoi ? reste-t-il chez moi quelque chose de ses dignités, de ses grandeurs, de ses richesses ? Si je suis riche moi-même, je rougis de recevoir la visite d'un homme du commun. Autre ridicule. Cet homme m'ôte-t-il quelque chose de mon bien-être ? me laiſse-t-il quelque choſe de ſon infortune ?

C I.

L'homme conſume ſa vie dans de vains projets. Il eſpere, il travaille, il s'agite pour le lendemain, juſqu'à ce qu'il ne reſte plus enfin de lendemain pour lui.

C I I.

Peu de gens périſſent par le poiſon, & cependant il fait horreur. Les délices de la volupté tuent des hommes ſans nombre, & perſonne ne les redoute.

C I I I.

Ceux qui me louent me montrent le chemin que je dois ſuivre : ceux qui me blâment m'avertiſſent des dangers que je cours.

CIV.

JE lis pour la premiere fois un bon livre ; & j'y prends le même plaisir que si je faisois un nouvel ami. Je relis un livre que j'ai lu ; c'est un ancien ami que je revois.

CV.

NE recherchez pas trop sévèrement les fautes de l'homme qui se distingue par de grands talents ou par de grandes vertus. Un diamant a-t-il quelques défauts ? il est encore bien plus précieux qu'une pierre commune qui n'en a pas.

CVI.

UNE servante aime à faire des rapports, & sa maîtresse à les écouter : pour faire naître mille désordres, il ne faut plus qu'un mari crédule.

CVII.

L'Empereur Ven-Ti (1) fit un livre contre l'exiſtence d'une toile incombuſtible. Le livre étoit beau, les raiſonnements paroiſsoient ſans réplique, & Ven-Ti triomphoit. Malheureuſement on lui apporta dans la suite de la toile d'amiante : il la jetta au feu, elle ne brûla pas, & il brûla ſon livre. C'eſt ainſi qu'on eſt ſujet à ſe tromper, quand on veut

(1) Ven-Ti régnoit 178 ans avant notre ere. Les Chinois le comptent au nombre de leurs meilleurs ſouverains. Son gouvernement étoit juſte, ſa vie frugale, ſes vêtements modeſtes. Il renouvella l'uſage ſuivi par les anciens empereurs, de labourer la terre de leurs propres mains. C'eſt sou ſ ſon regne que les Chinois commencerent à connoître la fabrique & l'uſage du papier.

F

faire de ce qu'on connoît la mesure de ce qui peut être.

CVIII.

LA plupart des plaisirs ne sont que des amusements frivoles : ils ont sur-tout un grand inconvénient ; c'est qu'on ne peut les goûter seul. Le jeu le plus simple exige au moins deux personnes : mais l'étude procure des plaisirs utiles dans la plus profonde solitude.

CIX.

UN homme chaussé proprement craint la moindre éclaboussure : il marche sur la pointe du pied, à peine touche-t-il la terre. N'a-t-il pu éviter enfin de gâter ses souliers ? il ne se ménage plus. Ainsi, quand on a contracté les premiers vices, on est bien près de ne se plus respecter.

C X.

Le gouverneur d'une province, au lieu de s'enrichir dans sa place, s'étoit appauvri par ses bienfaits. On lui avoit nommé un successeur, & il retournoit dans sa patrie. Il trouve sur son chemin un pauvre lettré qui venoit de mourir, & dont le corps étoit abandonné. Il se dépouille de ses meilleurs habits pour l'en couvrir; il vend son cheval pour payer les obseques, & se contente d'acheter un bœuf pour continuer sa route. Deux jours après, il rencontre un pere de famille réduit à la derniere misere, & près de mourir de faim avec sa femme & ses enfants. Il vend son bœuf, & lui donne le prix qu'il en reçoit. On lui représenta qu'il poussoit trop loin la compassion.

Vous vous trompez, répondit-il, & mon cœur ne me trompe pas. Il eſt utile que cet homme vive pour ſoutenir ſa famille, & pour élever des citoyens à l'état : il eſt fort indifférent que je retourne chez moi à pied ou traîné par un bœuf.

CXI.

ATTENDONS que j'aie du ſuperflu, & je ſoulagerai les pauvres. Ah! malheureux ! tu ne les ſoulageras jamais.

CXII.

VOIS cet agneau qu'on mene à la boucherie : à chaque pas, il s'approche de ſa fin. Mortel, ton ſort eſt le même : chaque inſtant de ta vie eſt un pas que tu fais vers la mort.

CXIII.

POINT d'épée plus dangereuſe

à l'homme que fa propre cupidité :
point de meilleur bouclier que le
défintérefsement.

C X I V.

La peine, le plaifir, la joie, la
triftefse, n'ont pas de point fixe où
ils puifsent s'arrêter. Tel a pensé
mourir de joie quand il a obtenu fon
premier emploi : il eft monté dans
la suite à de plus hautes dignités, &
eft mort de douleur pour n'avoir
pas obtenu la premiere de toutes.

C X V.

Tu n'as qu'un âne pour mon-
ture ; un homme marche devant
toi, monté fur un bon cheval : tu
te plains, tu t'affliges. Tourne la
tête, vois cette foule qui te suit à
pied, courbée sous des fardeaux ;
& confole-toi.

F iij

CXVI.

C'EST pour l'ivoire qu'on chasse l'éléphant ; on ouvre l'huître, on lui donne la mort, pour en tirer des perles ; le langage du perroquet lui fait perdre la liberté : ainsi l'homme doit souvent sa perte aux avantages dont il s'enorgueillit.

CXVII. *

LE devoir du pere est de corriger les défauts de ses enfants : le penchant de la mere est de les excuser. Le pere doit les corriger, mais sans trop de rigueur : la mere doit compatir à leur foiblesse, mais sans trop de complaisance.

(*) D'un ouvrage moderne sur les caracteres & les mœurs des Chinois, traduit par le P. Dentrecolles, & publié par Duhalde, tome 3, p. 131.

CXVIII.

INSTRUISEZ l'enfance, dès que son esprit devient capable d'instruction : mais ménagez sa foiblesse, & sachez vous accommoder à sa raison naissante. Laissez à cette jeune fleur le temps de s'épanouir, & ne la flétrissez pas pour toujours, en l'échauffant imprudemment dans votre sein.

CXIX.

NÉGLIGER l'éducation des filles, c'est préparer la honte de sa propre famille & le malheur des maisons dans lesquelles elles doivent entrer.

CXX.

LES liens qui unissent le pere à ses enfants, le frere à ses freres, les amis à leurs amis, les citoyens à leurs concitoyens, les souverains à leurs sujets, ont été précédés des nœuds qui attachent l'époux à l'épouse. Rien n'est plus sacré que cette union ; & du bon ordre qui y regne résulte celui de toute la société.

CXXI.

Des riches font bâtir de superbes palais, entretiennent des troupes de farceurs, n'épargnent rien pour la table & pour le jeu ; mais ils ont de pauvres parents, & regrettent la plus légere somme qui pourroit les arracher à la misere. O riche non moins imprudent que cruel ! peux-tu répondre d'être toujours heureux ? Ces parents que tu dédaignes ne pourront-ils pas s'élever à leur tour ? leurs enfants du moins ne trouveront-ils pas la fortune moins contraire ? tes fils n'auront-ils jamais recours à la poſtérité de ceux qui furent l'objet de tes mépris ?

CXXII.

Vous rougiſsez de ce que vous avez fait, de ce que vous avez pensé dans l'ivreſse du vin : l'ivreſse des paſſions n'eſt pas moins dangereuſe.

CXXIII.

Qu'on entende dire du mal de quelqu'un, on le croit ; du bien, on en doute. Quand on s'accoutume à parler des défauts des autres, on ne fait plus d'attention à leurs vertus.

CXXIV.

Si, dans la pauvreté, on n'eſt point frappé de la pompe des riches, on ne sera pas, dans la fortune, enorgueilli de ſa propre grandeur. Si, dans la fortune, on ne détourne point ſes regards du malheureux, on ne sera pas abattu par l'adverſité.

CXXV.

SE vaincre soi-même, c'eſt le moyen de n'être pas vaincu par les autres : ſe maîtriſer soi-même, c'eſt le moyen de n'avoir pas d'autres maîtres.

CXXVI.

TU regardes d'un œil d'envie les richeſses des autres ; mais ces vains deſirs ne t'enrichiront pas : ne vaudroit-il pas mieux fermer ton cœur à cette folle cupidité ? Tu nourris la volonté de nuire à ton ennemi ; mais cette impuiſſante volonté ne lui nuit pas : ne vaudroit-il pas mieux lui pardonner de bonne foi ?

CXXVII.

CELUI-LA jouit de la véritable

richeſse, qui sait meſurer ſa dépenſe
à ſes revenus.

CXXVIII.

Voila un homme qui ſemble
m'eſtimer aſsez peu. Eh ! peut-être
n'ai-je rien qui mérite en effet ſon
eſtime. Si j'étois un diamant, & qu'il
me regardât comme de la boue,
je ne diſputerois pas avec lui, & je
le traiterois ſeulement de mauvais
connoiſseur. Mais, ſi je n'étois en
effet qu'une pierre commune, pourquoi voudrois-je paſser à ſes yeux
pour un diamant ? C'eſt à moi de
m'examiner moi-même, & de me
rendre juſtice.

CXXIX.

La montagne engendre un volcan, & ce volcan la déchire ; l'arbre
produit le ver dans ſon ſein, & ce

ver ronge ſes entrailles : l'homme enfante mille projets, & ſes projets le dévorent.

CXXX.

L'INTRIGANT a quelquefois de grands ſuccès ; mais il eſt ſujet à de grands revers. L'homme droit & ſans ambition fait rarement une grande fortune ; mais il craint peu les grands déſaſtres.

CXXXI.

JE ne voudrois pas qu'on sût ce que je penſe. Eh bien ! ne le dites à perſonne. Je ne voudrois pas qu'on sût ce que je veux faire. Ne le faites donc pas.

CXXXII.

N'ENTRETENEZ pas de votre bonheur l'homme qui vient d'é-prouver une diſgrace.

CXXXIII.

JE me plains que le cœur des autres est difficile à gouverner ; & je ne sens pas que le mien est plus difficile encore à conduire. Je gémis de ce que l'esprit des autres n'est jamais tranquille ; & je ne sens pas le trouble du mien. Mortel, applique-toi d'abord à te connoître : parle ensuite des défauts d'autrui.

CXXXIV.

ON cherche de bons remedes contre les maladies : il vaudroit mieux s'appliquer à conserver sa santé. On se fait des associés pour se secourir & se défendre mutuellement : la réputation d'homme juste & fidele seroit une garde plus sûre. On veut passer pour riche & accrédité : il vaudroit mieux passer pour droit &

G

fincere. On tâche de furprendre l'eftime des hommes : il feroit plus sage de la mériter. On fe glorifie d'avoir de grandes terres & des bâtiments fomptueux : il feroit bien plus glorieux d'avoir des mœurs.

CXXXV.

TROUVER à l'écart un tréfor dont on connoît le maître ; furprendre feule une belle femme dans un appartement éloigné ; entendre les cris de fon ennemi mortel, qui va périr fi on lui refufe fes fecours : ô l'admirable pierre de touche !

CXXXVI.

CRAIGNEZ que celui dont vous faites l'éloge ne le démente un jour. C'eft dans l'automne que le laboureur juge l'année : c'eft dans l'arriere-faifon de la vie que l'on peut juger l'homme.

CXXXVII.

Le débiteur se plaint de la dureté de son créancier. Prête-t-il à son tour ? il devient lui-même un créancier encore plus rigoureux.

CXXXVIII.

C'est avec un vil minéral (1) qu'on donne l'éclat au diamant : l'insulte d'un méchant peut vous aider à perfectionner vos vertus.

CXXXIX.

L'homme qui estime trop les richesses & les honneurs, fût-il un sage, ne se défendra pas long-temps de la corruption du siecle.

---

(1) L'émeril, sorte de mine de fer, mais de toutes la plus réfractaire & la plus stérile en métal. On s'en sert pour donner le poli au crystal & aux pierres précieuses.

CXL.

TU voudrois que ta réputation brillât comme l'or le plus pur : tu ne devras cet éclat qu'au feu des tribulations.

CXLI.

UN jeune homme sortoit pour la premiere fois de la maison paternelle ; il vit sur la place un pourceau : « Voilà, dit-il, un rat d'une « grandeur bien extraordinaire ! »

Le jeune homme à qui vous n'aurez fait voir que des livres ne sera pas sujet à de moindres bévues.

CXLII.

JE suis maître de ne point donner de prise à la médisance, mais non d'empêcher les médisants de parler. Si je marche de nuit sans aucun mauvais dessein, puis-je empêcher les chiens d'aboyer après moi ?

CXLIII.

Dans le voyage de la vie, ne cherchez pas les chemins détournés, qui vous conduiroient peut-être au précipice. Suivez la grande route : le terme est au bout.

CXLIV.

Les enfants qu'on force à nous étonner par leur esprit ressemblent souvent à ces plantes dont les fleurs sont doubles, & qui ne donnent pas de fruit.

CXLV.

Toute la vie se passe dans la crainte. On craint un pere, une mere, un maître, le prince, les loix, les imtempéries des saisons, & les revers de la fortune.

G iij

CXLVI.

AVANT d'entamer un procès, songez à tout ce que la partie adverse ne manquera pas de dire contre vous ; & vous jetterez vos papiers au feu.

CXLVII.

LE secret est l'ame des grandes entreprises. Un ancien écrivoit sur la cendre la minute de ses projets. Il souffloit ; il n'en restoit plus aucune trace.

CXLVIII.

QUE les maximes du peuple s'échappent de vos oreilles avec la même vîtesse que l'oiseau qui fend les airs.

CXLIX.

CET homme est de mon sentiment, même avant de m'avoir en-

tendu : il craint que je ne m'en ap-
perçoive pas, il s'empreſſe à me le
témoigner. C'eſt un complaiſant
dangereux ; je dois le fuir.

C L.

PROPOSER des queſtions diffi-
ciles au milieu des ris, des feſtins
& des parties de plaiſir ; chercher à
faire briller ſon eſprit ou ſon éru-
dition, au lieu de ſe livrer à la joie
commune : c'eſt ſe rendre inſuppor-
table, & donner une mauvaiſe idée
de ſa politeſſe.

C L I.

CACHER les défauts des autres
& publier leurs vertus, c'eſt le caractere de l'homme honnête, c'eſt
le moyen de ſe faire aimer.

C L I I.

LA fierté révolte dans un parvenu forti de la pouffiere, & qui, tout couvert de la fange originelle, préfente à ceux qui l'abordent un vifage hautain.

CLIII.

LE railleur s'attire toujours quelques mauvaifes affaires, & le grand parleur ne manque jamais d'ennemis.

CLIV.

SI tu n'as pas exercé de charges publiques, tu ne sais pas combien il eft difficile de gouverner les peuples. Si tu n'as pas eu d'enfants, tu ne connois pas les soins & les follicitudes d'un pere. Ne parle jamais légèrement des devoirs que tu n'as pas eu l'occafion de remplir.

CLV.

QUAND un mot eft une fois

échappé, un char attelé de quatre chevaux ne pourroit l'atteindre. Sache donc veiller sur tes paroles.

CLVI.

Savoir égayer la conversation par des plaisanteries innocentes, c'est un talent qui vaut son prix. Mais on passe trop souvent de l'enjouement à la plaisanterie, de la plaisanterie à la raillerie, de la raillerie à la satire ; & ces jeux d'esprit finissent par des haines irréconciliables.

CLVII.

Fier de ton rang, gonflé de ta science, tu regardes les autres avec mépris. Tu ressembles à cet enfant qui, fièrement assis sur un monceau de neige, s'applaudit de son élévation. Le soleil darde ses rayons, la

neige se dissout, & le petit orgueil-
leux tombe dans la fange.

CLVIII.

Vous ne cherchez qu'à vous
avancer : mais ne perdrez-vous pas
d'un côté ce que vous gagnerez de
l'autre ? Creuser au levant, pour
remplir un vuide au couchant, c'est
prendre une peine bien inutile.

CLIX.

Tu crains le pouvoir de ce grand,
& tu souffres de sa part un outrage,
sans qu'il t'échappe aucune plainte;
ce n'est pas une grande vertu : mais
c'en est une de supporter patiem-
ment le mépris de celui qu'on ne
craint pas.

CLX.

Ce que vous avancez sur un sujet
est raisonnable, & ce que je pensois

ne l'eſt pas ; je vous cede. Ce que je penſe eſt juſte, & ce que vous ſoutenez ne l'eſt pas ; je me tais.

CLXI.

Réprimer avec une douce sévérité les fautes de ſa famille, c'eſt le moyen d'y maintenir la paix. Diſſimuler les fautes de ſes voiſins, c'eſt le moyen de vivre avec eux en bonne intelligence.

CLXII.

L'eau trop claire eſt ſans poiſſons : l'homme trop clairvoyant eſt ſans ſociété.

CLXIII.

Il n'appartient qu'au génie élevé de ſavoir employer utilement les ames baſſes : il faut avoir beaucoup de vertu, pour ſavoir vivre avec les gens qui en ont peu.

CLXIV.

N'EXIGEZ pas des perſonnes avancées en âge des complaiſances qui puiſsent les fatiguer ; ni des gens ſans fortune, des ſervices qui exigent quelque dépenſe.

CLXV.

LA raiſon doit préſider à toutes les affaires : mais, quoique vous ayez raiſon, ſi l'on vous diſpute votre droit, & qu'il ne s'agiſse que d'un foible intérêt, cédez. Si la choſe eſt importante, cherchez de sages arbitres.

Mais ſi, content d'avoir le bon droit, vous voulez l'emporter de hauteur ; les gens groſſiers ne seront point inſtruits, les opiniâtres ne ſe rendront pas, les fourbes trameront de nouvelles ruſes, vous ceſserez d'avoir raison vous-même, & d'une bonne cause vous en aurez fait une mauvaise.

CLXVI.

Souvent un pied de terre disputé coûte dix arpents en frais de procédure.

CLXVII.

Ce riche passe les jours entiers dans une molle indolence : sans appétit, il se fait servir un repas splendide : long-temps avant l'hiver il rassemble les plus précieuses fourrures : une foule de valets l'environne, attentive au moindre signe de ses volontés : ses appartements sont délicieux : veut-il se montrer en public ; il est porté sur un riche palanquin ou dans une barque superbement ornée : il n'a pas le temps

de former des defirs ; il trouve autour de lui tout ce qui peut flatter
les fens. Que lui manque-t-il ? l'eftime publique.

CLXVIII.

LE pauvre ne peut faire ordinai-
rement ni beaucoup de bien ni beaucoup de mal. Mais fi le riche veut
faire du bien, le bonheur qui naît
autour de lui s'étend & fe propage :
s'il fe livre au vice, il va confom-
mer le malheur d'une foule d'infortunés. De grands biens ou de grands
maux accompagnent toujours les ri-
cheffes.

CLXIX.

UN léger fecours, donné à propos & dans un befoin extrême,
vaut mieux que cent bienfaits mal
diftribués.

CLXX.

LE grand homme, né pour réparer les malheurs de fon fiecle, n'a qu'un cœur pour l'exécution : mais il fait en réunir dix mille autres, & fe les afsocier.

CLXXI.

LA vertu qui ne fait que jeûner, & qu'accompagner le jeûne de longues prieres, eft une vertu de bonze. Secourir l'infortune, protéger l'innocence, éclairer & guider l'aveugle humanité, telle eft la vertu qui rend l'homme utile à fes femblables.

CLXXII.

IL n'eft perfonne qui ne cherche à fe rendre heureux : mais parviendra-t-on au bonheur par tous les mouvements qu'on fe donne ? Celui qui sait se contenter est bientôt satisfait.

CLXXIII.

CET homme qui remplit une des premieres magistratures, a, dit-on, de la probité. Mais s'il n'a pas détourné de grands maux & procuré de grands biens, en quoi differe-t-il d'un mauvais magistrat?

CLXXIV.

J'ATTENDS, dites-vous, pour me livrer à cette affaire, que j'aie asez de temps à moi. Et quand l'aurez-vous ce temps? On a du temps pour tout, quand on sait le bien ménager.

CLXXV.

AUX premieres chaleurs, ne serrez pas vos habits d'hiver : aux premieres caresses de la fortune, gardez-vous de tourner le dos à vos anciens amis.

CLXXVI.

L'indigence & l'obscurité produisent la vigilance & l'économie; & de ces vertus naissent les richesses & les honneurs : les honneurs & les richesses enfantent le luxe & l'orgueil : l'orgueil & le luxe sont accompagnés du vice & de l'oisiveté, qui ramenent bientôt la misere.

CLXXVII.

Le riche n'a jamais tort. Il est invité à un repas : s'y rend-il de trop bonne heure ; le maître de la maison quitte toutes ses affaires, lui montre un visage épanoui , & lui rend grace de son empressement : se fait-il attendre ; on ne lui laisse pas le temps de s'excuser ; on s'écrie que ſes grandes affaires l'ont, ſans doute, retenu. Il n'en eſt pas de même du pauvre : arrive-t-il trop tôt ; on le laiſſe attendre , perſonne ne vient le recevoir , les valets eux-mêmes ne lui cachent pas qu'il eſt importun : vient-il trop tard ; c'eſt à qui l'accablera de reproches ; on ne lui pardonnera pas d'avoir fait différer un moment le dîner.

CLXXVIII.

NE découvrez-vous pas de défauts en vous - même : examinez-vous plus ſévèrement encore ; perſuadez-vous bien que quelques vices cachés ont échappé à vos recherches. C'eſt le moyen de croître en vertus, & d'éviter bien des fautes.

CLXXIX.

LES défauts des autres vous

frappent : faites encore plus d'attention à leurs bonnes qualités. C'est ainsi que vous ménagerez l'amitié ; c'est ainsi que vous préviendrez la haine.

CLXXX.

Assistez le pauvre, mais ne vous informez pas des causes de son indigence. Vous découvririez, peut-être, qu'il y est tombé par quelques fautes qui diminueroient votre pitié.

CLXXXI.

Admirez-vous une bonne action : interdisez-vous d'en scruter les motifs ; il vous viendroit peut-être des soupçons qui vous rendroient moins ardent à l'imiter.

CLXXXII.

Cet homme est chargé de mes

bienfaits, & je ne trouve en lui qu'un ingrat. Belle occasion d'exercer ma vertu ! Je souffrirai, sans doute, de son ingratitude ; mais je n'aurai pas même la pensée de l'en punir.

CLXXXIII.

Un fourbe me tend un piege dont je sais me garantir. Je ris de sa mauvaise volonté : je n'en tirerai pas d'autre vengeance.

CLXXXIV.

Vous avez à traiter avec des supérieurs : je ne crains pas que vous leur manquiez de respect ; mais craignez vous-même de vous avilir. Des pauvres vous demandent une grace ; &, s'il est en votre pouvoir, vous l'accorderez sans doute : mais allégez le poids du bienfait, craignez de manquer au respect que vous devez à l'infortune.

CLXXXV.

Ne satisfaites jamais vos desirs jusqu'à la satiété : vous vous ménagerez ainsi des plaisirs nouveaux.

CLXXXVI.

Rendez-vous un service ? laissez prévoir que vous vous réservez encore d'en rendre d'autres à l'avenir : vous serez bien sûr d'obtenir de la reconnoissance.

CLXXXVII.

N'opposez au fourbe que de la droiture : vous allez voir ses ruses retomber sur lui-même.

CLXXXVIII.

Soyez modeste ; on ne se fera pas une peine de vous accorder de l'estime : mais si vous cherchez vous-même par vos discours à persuader les autres de votre mérite, c'est assez pour qu'ils s'obstinent à en douter.

CLXXXIX.

VOTRE voisin est plongé dans la tristesse ; cachez-lui bien vos plaisirs : s'il entend la joie retentir dans votre maison, il croira que vous insultez à sa douleur.

CXC.

COMBATTEZ-VOUS les défauts de quelqu'un ? ne soyez pas trop sévere : car vous le rendriez indocile. Si vous l'exhortez à la vertu, ne lui proposez d'abord rien de trop difficile : ce seroit le rebuter & perdre le fruit de vos leçons.

CXCI.

VOUS méditez une affaire. Vous

est-elle avantageuse sans nuire à personne ? entreprenez-la. Y a-t-il neuf parts à votre profit, contre une au désavantage de quelqu'un ? prenez du temps pour y bien penser. Le mal que d'autres en souffriroient égale-t-il le bien que vous pourriez en recueillir ? gardez-vous bien de suivre votre projet. N'y trouvez-vous votre avantage qu'en faisant aux autres un plus grand tort ? ayez horreur de votre dessein. Mais s'il peut être utile aux autres & ne faire de tort qu'à vous seul, vous l'exécuterez, si vous avez une grande ame.

C X C I I.

Les sages qui, par leurs écrits, se proposent de corriger les hommes, operent rarement le bien qu'ils espéroient. Mais qu'ils ne se rebutent pas : c'eſt au temps à faire mûrir les fruits qui seront dus à leurs inſtructions.

CXCIII.

RIEN n'eſt plus capable de nous conſoler dans nos diſgraces, que de réfléchir ſur la ſituation de tant d'infortunés qui ſouffrent encore plus que nous.

CXCIV.

JE puis réfuter la médiſance : mais ne sera-t-il pas encore plus ſage de ſupporter le médiſant ? Je puis démaſquer le calomniateur & le confondre : mais ne vaut-il pas mieux encore changer ſon cœur ?

CXCV.

BEAUCOUP réfléchir & parler peu, c'eſt le ſecret de beaucoup apprendre.

CXCVI. *

L'empereur Ven-Van-Djéou recevoit avec bonté les conseils des hommes éclairés ; il écoutoit un bon avis de la bouche même d'un paysan : il se couvrit de gloire. Un sol fertile prodigue des semences nourricieres : un bon souverain multiplie le nombre des sages.

CXCVII.

La foudre détruit ce qu'elle frappe ; un poids énorme écrase ce qu'il presse : mais la puissance ca-

---

(*) Des Conseils du mandarin Guia-Chan à l'empereur Ven-ti, 170 ans avant notre ere. Ce morceau & les suivants sont littéralement traduits de la version russe faite par M. Léontief, d'après la langue des Manjours, que nous appellons Mantchoux.

I

pricieufe d'un tyran eſt plus terrible que la foudre, & plus peſante que des millions de quintaux.

CXCVIII.

SOUVENT la puiſsance la plus redoutée touche au moment de ſa ruine. L'empereur Chi-Hoang-Ti avoit la force du lion & la férocité du tigre ; mais la colere du Ciel pourſuivit la poſtérité de ce prince injuſte. Il fit bâtir juſqu'à trois cents maiſons de plaiſance ; rien n'égaloit la magnificence de ſon palais, ni la beauté de ſes jardins : il n'eſt pas reſté à ſa poſtérité une cabane couverte de chaume.

On travailla dix ans entiers à conſtruire ſon tombeau. Des milliers d'hommes furent tourmentés pour élever ce monument à ſon orgueil. La terre fut profondément fouillée ; l'or, le jaspe, le vernis, les perles, les pierres précieuses, furent employés à l'ornement de cet édifice ; une vaste promenade, un bois épais l'entouroient. Tant de magnificence fut prodigué pour son cadavre, & les corps de ses descendants ne furent pas couverts d'un grain de sable.

CXCIX. *

A présent des servantes vont au marché vêtues avec la même richesse qu'affectoient autrefois les reines dans les jours de fête. Chez de simples marchands, les murs sont tapissés des mêmes étoffes qui au-

(*) Des Conseils du mandarin Gaï ou Kia - Y à l'empereur Ven - Ti, 170 ans avant notre ere.

I ij

trefois auroient vêtu les rois, & l'on voit des comédiennes & des chanteufes ufurper les parures des princeffes. Cependant, pour fatisfaire à tant de luxe, on endure le froid & la faim ; on fouffre, on fe livre à la rapine, au brigandage : & la profufion générale entraînera la ruine de l'état.

C C.

Il est des loix pour les enfants & pour les peres, pour les fubalternes & pour les chefs, pour le peuple & pour les fouverains. Mais ces loix, portées par des hommes, partagent le fort de toutes les œuvres humaines, elles ne sont pas inaltérables : fi l'on néglige de les réparer & de les foutenir, elles tombent & périffent.

CCI.

Le bonheur de l'état est fondé sur le respect du souverain pour les loix, sur son attention à les observer, & sur l'éducation des héritiers de l'empire. C'est d'un seul homme, dit le Chou-King, que dépend l'espoir d'un peuple entier. Le plus grand service qu'on puisse rendre à l'état, est donc de préparer de bonne heure un jeune prince à ses devoirs (1).

---

(1) Je crois pouvoir me permettre ici une note un peu longue, pour faire connoître l'éducation que recevoient à la Chine les fils des souverains.

Dès l'enfance du jeune prince, on plaçoit auprès de lui trois grands mandarins. Le premier avoit inspection sur sa santé ; le second lui enseignoit les élémens de la

CCII.

LA loi punit les fautes ; le bon ordre les prévient : les récompenses

---

morale, & le troisieme ceux des sciences. Chacun d'eux avoit un aide, & jamais ils ne quittoient leur éleve. Ils se faisoient encore seconder par des especes de précepteurs choisis parmi les hommes les plus instruits de la nation. Quand ils conduisoient le prince au temple, ils le faisoient descendre de voiture & marcher à pied devant le palais de l'empereur & devant les monuments consacrés à la mémoire des anciens souverains.

Lorsqu'il étoit entré dans l'âge viril, il fréquentoit les grands colleges où l'on enseignoit les sciences & les rites, qui font une si grande partie de l'éducation chinoise.

On remplaçoit ensuite, auprès de sa personne, les gouverneurs & les maîtres par quatre hommes d'un rang encore plus éminent. L'emploi du premier étoit d'écrire

excitent les hommes vertueux ; les
peines en imposent aux méchants.
Les bons souverains n'eurent pas

---

les actions du prince, & il avoit toujours
avec lui de l'encre, un pinceau, & du papier ; le second devoit l'avertir s'il man-
quoit en quelque chose à la politesse & aux
convenances ; le troisieme étoit chargé de
lui inspirer des pensées honnêtes & utiles ;
& le dernier le reprenoit publiquement,
en frappant sur une espece de tambour
quand il faisoit quelque faute.

Le prince avoit encore auprès de lui des
aveugles & un musicien. Les aveugles lui
apprenoient à chanter des cantiques mo-
raux, & les musiciens à les accompagner
du son de quelque instrument. Enfin les
grands de l'empire lui donnoient chaque
jour de sages conseils, & lui rapportoient
ce que le peuple disoit de lui.

N'étoit-il pas à craindre que l'ennui
de tant de formalités ne rendît la vertu
odieuse au jeune prince ?

d'autre fecret. Par l'inftruction &
le bon ordre, ils infpiroient infenfiblement au peuple de bonnes
mœurs : car le bon ordre coupe la
racine du mal avant qu'il ait eu le
temps de s'élever, & l'inftruction
affermit & nourrit les racines du
bien.

C C I I I.

LE prince ne fauroit écouter les
confeils avec trop de circonfpection.
Il peut, en les fuivant, il peut, en
les rejettant, faire le bien ou le mal
de fes fujets. Mais le bien & le mal
ne peuvent refter dans un état de
repos : ils prennent infenfiblement
de l'accroiffement & des forces ; &
ce n'eft pas un feul jour que doit
durer le malheur ou la profpérité
d'une nation.

CCIV.

Tout souverain veut que son peuple soit bon : mais tous ne tendent pas à ce but de la même maniere. Les uns veulent y parvenir par de sages réglements & par l'exemple de leurs propres vertus ; les autres par la rigueur & par les supplices. Ceux-ci ne corrigent pas toujours le peuple ; mais ils le font murmurer & le rendent malheureux : ceux-là répandent en même temps la joie & la prospérité dans leur empire.

CCV.

Le souverain doit respecter lui-même ses propres ouvrages. Quand il a daigné décorer un homme d'une grande dignité, il doit le traiter avec distinction, afin que les peuples

ſoient portés d'eux-mêmes à le reſ-
pecter. Si ce ſujet révéré manque à
ſes devoirs, s'il ſe rend criminel, le
monarque peut le dépouiller, ſans
doute, de ſes emplois, & le priver
même de la vie : mais qu'il ne le livre pas à l'opprobre; car il riſqueroit
d'inſpirer au peuple du mépris pour
ceux qui lui commandent. L'honneur ſe conſerve par l'honneur;
& quiconque eſt retenu dans l'abjection , ne ſervira qu'avec baſ-
feſse (1).

____

(1) Les anciens ſouverains de la Chine
avoient un grand soin de ménager l'honneur de ceux qu'ils avoient élevés aux premiers emplois de l'état. Un grand qui avoit
mérité la mort n'étoit ni enchaîné , ni
empriſonné, ni ſoumis à des tortures. Lui-
même , appellé par le juge au nom du mo-

CCVI. *

LE peuple, sous les bons souverains, ne souffre ni le froid ni la faim. Ce n'est pas que ces monarques habillent ou nourrissent la nation : c'est que, par de bonnes loix, ils encouragent & protegent le cultivateur.

CCVII.

QUAND la misere du peuple est extrême, il devient semblable aux oiseaux de proie & aux bêtes féroces. Les murs des villes ne lui op-

---

narque, alloit recevoir son arrêt : lui-même se mettoit à genoux, & se donnoit la mort. On lui disoit au nom du prince : « Je t'ai toujours respecté : toi-même as « causé ta perte. »

(*) D'un Avis du docteur Tcho-Tsoi à l'empereur Ven-Ti, 170 ans avant notre ere.

posent plus que de foibles barrieres, les fossés les plus profonds sont contre lui de vains obstacles, & la terreur des loix ne lui en impose plus ; l'horreur même des supplices ne sauroit l'effrayer, parcequ'ils sont encore moins cruels que les maux qu'il endure. Le froid, la faim entraînent l'homme à tous les crimes, & ne lui laissent plus rien voir qu'il puisse redouter. La nature elle-même, cette mere commune, ne peut alors retenir son fils : comment le prince retiendroit-il son sujet ?

CCVIII.

L'OR, l'argent, les perles & les pierres précieuses, ne peuvent nourrir l'homme, ni le garantir du froid. Ils font la parure des monarques ; on peut les cacher dans son sein, les porter au-delà des mers, les échanger contre des objets de premiere néceffité. Mais s'ils procurent aux hommes ces foibles avantages, ne leur caufent-ils pas les plus grands maux? ils font prévariquer les grands, les rendent des ferviteurs infideles, de farouches oppreffeurs, & les plus cruels ennemis de la nation. O monarque prudent! préfere-leur ces femences nourricieres que la terre n'accorde au cultivateur qu'au prix de fes travaux affidus.

CCIX. *

Ce n'eft que sous de fages fouverains qu'on trouve des miniftres vertueux : car il faut bien que l'écho

---

(*) Du difcours du mandarin Ban-Boa à l'empereur Siven-Ti, 73 ans avant notre ere.

reſſemble à la voix qu'il répete.

CCX. *

L E s grands ont donné l'exemple de la dépravation & du luxe, & cet exemple funeſte a entraîné toute la nation. Les laboureurs, dégoûtés de leur profeſſion, ont abandonné la culture des terres ; le nombre des marchands s'eſt augmenté ; on a eu des étoffes du meilleur goût & du travail le plus recherché, & l'on a manqué du néceſſaire ; les bouti-ques ſe sont couvertes de riches & brillantes bagatelles ; les artiſans ont épuisé leur induſtrie à des super-fluités ; chacun a prétendu à tout ; les lettrés eux-mêmes ont partagé

____

(*) Du mandarin Ban-Boi, dans le pre-mier ſiecle de notre ere.

la dépravation générale, & les bri-
gands enrichis se sont vus respectés.
L'infortuné vit aujourd'hui familiè-
rement avec son égal ; demain il
sera obligé de le servir. Le malheur
s'est emparé de toutes les condi-
tions, parceque toutes se sont li-
vrées à la dissipation & à la cupidité.

C C X I. *

Il importe bien moins d'enrichir
une nation que de la nourrir. C'est
la subsistance qu'il lui faut, & non
pas une abondance de belle mon-
noie. Changez, si vous le pouvez,
le sable des campagnes en l'or le
plus pur : mais l'or ne se change
pas en aliments ; il n'arrache pas à

(*) Du mandarin Lou-Toub, dans le
second siecle de notre ere.

K ij

la mort le malheureux affamé. Le peuple peut à jamais se soutenir sans argent ; mais, sans les fruits de la terre, il ne peut vivre un seul jour.

CCXII. *

On dit que les bons empereurs n'aimoient pas le plaisir. Ils l'aimoient sans doute, puisqu'ils se sont procuré la plus douce de toutes les

---

(*) De l'empereur Tai-Tsoum ou Tai-Tsou, vers l'année 627 de notre ere. Il étoit fils de Chin-Yao-Ti, fondateur de la dynastie de Tam, dont tous les princes se sont accordés à modérer les tributs, & à tempérer la rigueur des supplices. Chin-Yao-Ti, neuf ans avant sa mort, résigna l'empire à son fils Tai-Tsoum, prince accompli, qui s'est accusé lui-même d'avoir fait bien des fautes, mais à qui l'histoire n'en reproche aucune. Il aimoit à recevoir des conseils ; il donnoit à sa nation l'exem-

voluptés ; celle de faire le bonheur des peuples. Ils en ont joui pendant une longue vie ; ils l'ont laiſsée à leurs ſucceſseurs comme un héritage. Ce ſont les mauvais princes qui n'ont pas aimé véritablement le plaiſir, eux qui ont empoiſonné leurs jours par l'inquiétude & la crainte, eux qui ont abrégé leur vie, eux qui

---

ple de la tempérance & de la frugalité. Il fonda dans ſon palais une académie, & il eut la ſatisfaction d'y voir juſqu'à huit mille éleves, entre leſquels on comptoit les fils de pluſieurs ſouverains étrangers. Il eut ſucceſſivement deux épouſes, qui auroient pu tenir un rang diſtingué parmi les lettrés. Faiſant un jour un voyage ſur mer : « Voyez, dit-il à ſes courtiſans ; l'eau ſou- « tient le navire & peut le ſubmerger. Je « compare le peuple aux eaux de la mer, « & le monarque eſt le navire. »

K iij

n'ont laissé que des peines & des travaux à leurs héritiers.

CCXIII.

DANS le peu de loisir que me laissent les soins du gouvernement, j'aime à me promener dans l'antiquité : j'étudie l'histoire, je me transporte dans les temps des anciens souverains, & je me plais à découvrir les sources de leurs infortunes & de leur prospérité. Je vois que ceux qui sont tombés avoient eux-mêmes préparé leur chûte : je vois qu'ils furent malheureux parcequ'ils ne savoient ni se connoître, ni recevoir des conseils. Princes, vous avez été constamment heureux quand vous avez choisi des ministres habiles & fideles : avez-vous donné votre confiance à des hom-

mes incapables ou méchants ? vous
en avez été punis par le malheur.

CCXIV.

Un souverain voit toujours ses
penchants satisfaits. Il veut bâtir ;
d'habiles architectes épuisent en sa
faveur leur industrie. Se plaît-il à la
chasse ? il trouve d'excellents tireurs
d'arc. Aime - t - il la musique ? il
est environné de savants musiciens.
C'est un vase dont les liqueurs qu'il
contient prennent la forme.

CCXV.

Je n'ai jamais vu que la finesse
ait pu tenir long-temps contre la
sincérité.

CCXVI.

Qu'il est aisé, qu'il est difficile de régner ! Un mauvais souverain trouve l'administration facile.

Il éleve de superbes palais, creuse des fossés profonds, entasse des trésors : il veut ; il est obéi : il jouit ; c'est assez : le peuple souffre ; que lui importe ? Mais que la vie d'un bon prince est laborieuse ! Il craint de fouler ses peuples ; il partage leurs peines : c'est un pere qui verse des larmes sur les maux de ses enfants. Il veut le bien, & ne peut toujours le connoître ; il cherche la vérité qui le fuit. Le peuple est comme une mer orageuse, & c'est cette mer qu'il doit domter. Toujours sa conduite est blâmée, toujours ses choix sont condamnés. Parle-t-il à quelqu'un en secret ? il fait naître les soupçons. A-t-il quelque succès ? on les impute à la fortune. Eprouve-t-il des revers ? c'est

lui feul qu'on accufe. S'il eft févere,
on le dit inhumain ; & s'il eft clé-
ment, il ne sait pas faire refpecter
les loix. Rend-il le peuple heureux ?
les courtifans le plaignent : fait-il
du bien aux grands ? le peuple mur-
mure. Voilà donc cette condition fi
enviée des princes ! Voilà donc ce
bonheur dont ils jouifsent !

C C X V I I. *

C'est du peuple que dépend
le falut de l'empire. Prince, qui ne
crains pas d'épuifer le peuple pour
t'enrichir toi-même, tu refsembles
à un homme qui couperoit fa chair

(*) Les maximes fuivantes du même
empereur Tai-Tfoum font tirées de la Table
chronologique de la monarchie chinoife
par le P. Couplet, imprimée à la fuite du
Confucius, five Scientia finenfis.

en morceaux pour se nourrir : il rempliroit son estomac ; mais le corps périroit bientôt.

CCXVIII.

Il est quelque chose de bien plus précieux pour un monarque, que les plus riches trésors : ce sont les sages avis de ses serviteurs fideles qui l'éclairent sur les besoins de l'état.

CCXIX.

Les sujets sont les armes du prince. Si les sujets lui manquent, à quoi lui serviront les plus riches arsenaux ?

CCXX.

Une longue prospérité enfante la négligence & l'orgueil.

CCXXI.

Il est une chose qui doit en imposer au plus puissant des rois : ce sont les regards de ses sujets, qui tous sont tournés sur lui seul.

CCXXII.

Le roi n'a qu'un cœur, & ce cœur est à la fois attaqué par des milliers d'ennemis : les uns cherchent à le surprendre par l'appât de la gloire des armes ; d'autres par les délices de la volupté : ceux-ci emploient contre lui la flatterie ; & ceux-là les raisonnements perfides & captieux, la ruse, le mensonge : il compte autant d'ennemis qu'il se trouve d'hommes amoureux des honneurs & de la fortune. Monarques infortunés ! si vous êtes un instant sans défense, si vous vous abandonnez un instant aux douceurs du sommeil, comment ne serez-vous pas vaincus ?

CCXXIII. *

CE qui importe le plus au souverain, c'est de trouver un miniſtre ſincere : & au miniſtre, de pouvoir, ſans déplaire, faire entendre au prince la vérité. Mais les rois ont l'oreille délicate ; une vérité peu agréable la bleſſe, &, au lieu de ſerviteurs fideles, ils ne trouvent que des flatteurs.

(*) De l'empereur Té-Tſoum, vers l'année 780 de notre ere. L'hiſtoire ne parle pas de ce prince avec eſtime : ce n'eſt pas qu'il fût méchant, il vouloit même le bien ; mais il étoit foible, & s'abandonnoit à ſes flatteurs.

DISCOURS

MORAUX

DE

L'EMPEREUR YOUNG-TCHING.

AVIS.

Nous avons cru devoir donner en entier les trois difcours fuivants, parcequ'ils sont inconnus, & qu'ils le seroient peut-être encore long-temps, fi nous ne faififfions cette occafion de les publier. La morale qu'ils refpirent leur affigne la place que nous leur accordons, & ils reçoivent un nouveau prix de la dignité de leur auteur. Nous les avons fidèlement traduits d'après la ver-fion ruffe faite par M. Léontief sur le texte manjour.

L'empereur Young-Tching, ou plutôt Youdjen, fuivant la prononciation manjoure, est l'auteur de ces ouvrages. Il étoit fils de cet empereur Kang-Hi, célebre, même en Europe, par ses talents & sa sagesse. Il fut le cinquieme souverain de la dynastie des Tsing : c'est celle des Manjours ou Mantchoux, qui occupe le trône de la Chine depuis le milieu du dernier siecle.

C'étoit un prince sage, vigilant, généreux ; il secouroit les pauvres, réprimoit l'ambition remuante des bonzes, encourageoit l'agriculture, & faisoit observer les loix. Jamais les édifices publics, les grands chemins, les canaux qui joignent tous les fleuves de l'empire, n'avoient été

entretenus avec autant de magnificence, ni avec plus d'économie. Pro-
tecteur, ami de ses sujets, qu'il re-
gardoit tous indistinctement comme
ses fils, il ne laissa prendre à la nation dominante, dont il étoit le
chef, aucune supériorité sur la nation subjuguée.

Il défendit, il faut bien l'avouer,
l'exercice de la religion chrétienne,
que son pere avoit protégée. Mais
ce n'est pas que ce prince éclairé,
qui toléroit dans ses états le maho-
métisme & toutes les superstitions
des bonzes, eût conçu une haine
aveugle contre les chrétiens. Les
missionnaires des différents ordres

avoient eux-mêmes ruiné leur cré-
dit par leurs querelles théologiques
& par les procès qu'ils s'intentoient
réciproquement en cour de Rome :
on apprenoit en même temps que
des chrétiens anglois ou hollandois,
qui fréquentoient les ports, avoient
encore d'autres opinions religieu-
ses : d'ailleurs la conspiration vraie
ou supposée des chrétiens contre
l'empire du Japon inspiroit des crain-
tes à la Chine : enfin l'ascendant que
les missionnaires avoient pris sur les
néophytes donnoit de l'ombrage au
gouvernement.

« Vous voulez, leur dit Young-
« Tching, que les Chinois embras-

« sent votre religion. Votre culte
« n'en tolere pas d'autre, je le sais :
« en ce cas que deviendrons-nous ?
« les sujets de vos princes ? Les dif-
« ciples que vous faites ne connoif-
« sent que vous : dans un temps de
« trouble, ils n'écouteroient d'au-
« tre voix que la vôtre. Je sais bien
« qu'à préfent il n'y a rien à crain-
« dre ; mais quand les vaifseaux
« viendront par milliers, il pour-
« roit y avoir du défordre. »

Ces paroles, rapportées par les
Jéfuites eux-mêmes, nous décou-
vrent les motifs qui faifoient agir
le fouverain. Les miffionnaires furent chafsés; mais l'empereur, ami

des sciences utiles, conserva auprès
de sa personne les religieux mathé-
maticiens, en leur défendant de faire
des conversions.

Fils & pere d'un grand homme,
& grand homme lui-même, Young-
Tching donna le jour à Kieng-Long,
qui est monté sur le trône en 1735 :
prince célebre par ses conquêtes
dont nous avons vu graver à Paris
les dessins faits à la Chine, & par
l'Eloge de la ville de Moukden,
poëme traduit en françois par le
P. Amiot, & publié par M. de
Guignes.

DISCOURS

DE L'EMPEREUR YOUNG-TCHING

AUX GRANDS DE RACE MANJOURE,

qui le prioient d'accorder à leur nation des prérogatives sur les Chinois.

Vous voulez être distingués des Chinois par des prérogatives particulieres. Ignorez-vous que tous les hommes sont également les enfants du Ciel ? le Ciel a créé les Manjours, il a créé les Chinois : tous sont égaux devant lui, & les vertus feules obtiennent à fes yeux la préférence.

Le Manjour eft un homme, & le Chinois eft un homme. Si vous me parlez de la différence que doivent mettre entre les hommes leurs bonnes & leurs mauvaiſes qualités, ne ſe rencontrent-elles pas dans les individus d'une même nation ? Vous voulez, peut-être, que, dans la diſtribution des emplois, je ne conſidere que l'origine des ſujets qui me seront proposés, ſans avoir égard à leurs qualités perſonnelles ? je ne demanderai plus s'ils sont capables ; mais je m'informerai bien exactement s'ils sont ou Chinois ou Manjours ?

Ainſi je n'emploierai donc que les derniers ? Oſez-vous bien me donner ce conſeil ? Ignore-t-on qu'il ſe trouve entre eux un grand nombre d'ambitieux, d'ames vénales, d'infracteurs des loix, ne penſant qu'à leurs propres intérêts, & toujours prêts à tromper leur ſouverain?

J'ordonne également aux sujets des deux nations qui se trouveront employés ensemble, de se comporter mutuellement comme des amis, comme des freres, de s'aider de leurs conseils, de régler, de juger les affaires d'un accord unanime, & dépouillés de toute passion.

Qu'on ne se dise plus réciproquement : Je suis Manjour, & tu es Chinois. Il est impossible à une nation de dépouiller son caractere. Les positions du globe ne sont pas toutes les mêmes ; chaque pays est vivifié par un air différent, & les influences du climat impriment à chaque nation un caractere qui lui est propre. Ici regnent certaines coutumes & se remarquent certains penchants : d'autres penchants, d'autres coutumes regnent & se re-marquent ailleurs. Les Manjours sont habiles à tirer de l'arc, & les Chinois se distinguent dans l'art d'écrire. Les hommes sont adroits & vifs au couchant & au nord; intelligents & spirituels au levant & au midi. La nature les a formés : qui oseroit, qui pourroit lui résis-ter ? que serviroit d'employer la for-ce pour leur ôter le penchant & les mœurs qu'elle leur inspire ? O vous qui vivez sous une même puissance, réunissez vos conseils, vos talents, vos travaux, pour le bien de l'état.

Ce qui rend les hommes égaux, c'est que tous ont reçu le don de l'intelligence. Servez le souverain, soyez-lui fideles, respectez vos pe-res, suivez les loix de la justice &

de la vérité : voilà ce que la nature prescrit à tous les hommes. S'ils écoutent sa voix, ils ne demanderont pas, avant de se choisir un ami, quelle est son origine, & de quel pays étoit son pere ; ils ne loueront pas leurs propres usages pour blâmer ceux des autres ; ils ne croiront pas que les mœurs de leur nation sont dignes seules de leur estime, & toutes les autres de leur mépris.

J'ose ici me rendre à moi-même un juste témoignage : en montant sur le trône, je me suis dit que le monde entier n'est qu'une maison ; que tous ses habitants ne sont qu'une même famille, & que je devois recevoir les services de tous mes sujets, sans m'informer de leur origine. Qu'ils soient zélés & fideles, qu'ils foient capables de concourir à l'avantage commun, à la profpérité générale ; il fuffit : que m'importe le refte ? Non, je n'admettrai jamais une diftinction odieufe entre le Chinois & l'homme de ma nation. Tout fujet vertueux mérite ma confiance ; & je rejetterois le mal-honnête homme qui seroit de mon fang.

Vivez unis, aimez-vous les uns les autres, accordez-moi vos fecours avec zele, comme les pieds & les mains donnent leur fecours à l'homme. Alors la maifon commune portera fur des fondements inébranlables ; alors rien n'aura le pouvoir d'en altérer la paix.

DISCOURS

DU MÊME EMPEREUR SUR LES SACRIFICES.

Vous savez qu'aujourd'hui le soleil ramene l'hiver. Je viens de célébrer le retour de cette saison par un sacrifice dans le temple du Ciel, & vous voyez combien ce jour est brillant & pur.

Ecoutez les hommes aveugles & légers : Puisque, disent-ils, les décrets du Ciel sont incompréhensibles, pouvons-nous savoir s'il reçoit favorablement nos prieres ? Mortels ignorants & présomptueux ! quand le Ciel ne reçoit pas vos vœux, reconnoissez vous-mêmes que ces vœux ne sont point partis d'un cœur sincere, & que la colere céleste vous a justement punis. (1)

Des insensés disent que le Ciel n'est qu'un air pur & vuide, bien éloigné des hommes; qu'il n'est pas vraisemblable que nos prieres s'élevent jusqu'à lui, ni qu'il puisse remplir nos vœux. Mais pourquoi les prieres des hommes vains & stupides ne sont-elle pas exaucées? c'est qu'elles sont toujours dictées par leurs passions; c'est qu'ils demandent au Ciel de satisfaire leurs caprices; c'est qu'ils ne pensent pas que, par leurs prieres injustes, ils

____

(1) Ce morceau détruit le sentiment de ceux qui croient que les lettrés chinois ne réverent que le Ciel matériel : on voit ici que le Ciel admet ou rejette les vœux suivant les mérites de ceux qui l'implorent.

peuvent irriter les puisances cé-
lestes.

Le jugement du Ciel est juste : il
ne protege que les hommes honnêtes, & ne laisse aucune bonne
action sans récompense : toujours
la peine poursuit le crime. Le Ciel
est toujours présent, toujours près
de nous, toujours devant nos yeux,
toujours devant nos pensées. Éle-
vons-nous vers lui nos regards ? il
est là. Lui adressons-nous nos pensées ? il est là.

Il n'a point d'égard aux personnes; il ne consulte ni les rangs ni

---

Il est vrai que la Chine ne manque point
d'athées qui prétendent que le Ciel n'est
qu'un air pur & vuide. Mais Young-Tching
les traite d'insensés, & les réfute avec in-
dignation.

M iij

la naissance; il pese dans la même balance les actions des rois & celles des mercénaires. Chacun reçoit suivant ses œuvres. As-tu semé du riz? tu recueilleras du riz. As-tu semé du millet? tu recueilleras du millet.

Toi-même es maître de ton sort: toi-même peux choisir le bien & le mal. Sonde ton cœur, scrute ta conscience: est-ce la justice, est-ce la passion qui te conduit? Si tu fais du mal à quelqu'un, mais avec justice; si tu le prives justement, même de la vie: tu dois espérer le bonheur, puisque tu observes la justice & les loix. Fais-tu du bien par passion? est-ce par passion que tu as sauvé la vie à ton concitoyen? tu ne dois attendre aucune récompense, tu dois même craindre la vengeance du Ciel.

Les paſſions humaines ont un empire bien plus étendu qu'on ne penſe : elles ne sont pas toujours unies à l'injuſtice, à l'hypocriſie, à la cupidité, à l'avarice, à l'envie ; c'eſt par elles ſouvent qu'on cherche la gloire & l'honneur, qu'on obtient des éloges, qu'on acquiert de la conſidération, qu'on parvient aux dignités, qu'on seconde les vues du ſouverain, qu'on travaille à recommander ſon nom aux ſiecles à venir.

Conſervez toujours la vérité dans votre cœur, donnez-lui pour garde la prudence ; rejettez la paſſion ; obſervez la juſtice : c'eſt ainſi que vous plairez au Ciel ; c'eſt ainſi qu'il n'entrera dans votre ame aucune pensée contraire à l'équité. Le Ciel vous protégera d'une maniere invisible, & vous conservera le bonheur. (1)

Il me reste un reproche à vous faire. Si je vous accorde quelque récompense, si je paie vos services de quelque gratification, c'est à moi seul que vous rendez grace. Ne savez -vous pas que je ne vous donne rien qui m'appartienne ? c'est la sueur ensanglantée du peuple, c'est

---

(1) On voit par ce discours que les Chinois n'attendent que des récompenses temporelles pour prix de leur piété. Les Indiens, les Egyptiens, trouvoient dans les transmigrations des ames la peine du crime, &, dans leur réunion à l'Être suprême, la récompense de la vertu. Mais les lettrés chinois, qui ont toujours négligé les idées métaphysiques, ne paroissent pas s'être élevés jusqu'au dogme d'une vie future.

la moëlle du malheureux cultivateur
que je vous diſtribue.

On implore le ſouverain, on ſol-
licite les grands, on ne penſe qu'à
obtenir des graces; mais on néglige
d'aider le peuple, d'éclairer le cultivateur, de lui procurer l'abondance:
& l'on ſe croit innocent! & l'on dort
d'un ſommeil paiſible! & l'on n'é-
prouve pas de remords!

Notre devoir eſt renfermé dans
un ſeul point : c'eſt de nous rendre
utiles à la patrie, & de ſuivre les
loix de la juſtice.

INSTRUCTION
DU MÊME EMPEREUR
A SES GÉNÉRAUX.

Le bonheur des hommes est fondé sur la tempérance & la modération. La dissipation & le luxe causent leur ruine, & les exposent aux rigueurs du froid, au supplice de la faim, à toutes les horreurs de la misere.

J'en ai moi-même la preuve dans mes Manjours. Quand leurs mœurs étoient austeres, quand ils pratiquoient la continence, ils vivoient heureux, & chacun d'eux pouvoit faire à ses frais toutes les campagnes. A présent qu'ils menent une vie molle & voluptueuse, ils éprouvent tous les maux que l'indigence entraîne après elle.

Vous favez avec quelle vigilance j'ai pris soin des jours & du bonheur de mes guerriers : vous favez combien de loix j'ai promulguées pour régler leurs mœurs. Soins inutiles! rien ne peut les arracher au luxe & à la diffipation.

Je les vois prefque tous aujourd'hui vendre leurs maifons & tout ce qu'ils pofsedent, pour fe livrer à des excès de table. La dépenfe d'un feul repas pourroit les faire vivre plufieurs jours, & leur coûte la paie d'un mois entier. Ils fe dégoûtent de ce qui faifoit autrefois leur nourriture ; ils ne comptent ni leur revenu ni leur dépenfe ; & auffitôt qu'ils ont reçu leur folde, elle s'échappe de leurs mains. A peine le riz de munition leur eſt-il diſtri-bué, qu'ils le portent au marché & ſe hâtent de le donner pour ce qu'on veut bien leur en offrir.

Mais quand, après avoir tout diſſipé, ils ſe trouveront ſans reſ-source, de quoi vivront-ils? ils n'auront pas même de riz. Il fau-dra s'habiller : mais avec quoi? Alors commenceront les murmu-res : mais ils ne ſauront pas même encore ſe repentir de leur diſſipa-tion, & lui attribuer leur miſere.

Je regarde l'incontinence comme un effet de l'habitude : mais on ne peut plus la perdre quand on l'a contractée, à moins de ſe bien per-ſuader qu'elle ne produit aucun bien véritable. En effet le plaiſir que procurent les mets ne dure que le temps qu'on les goûte.

Mais quand celui qui s'eſt fait une habitude de la bonne chere eſt obligé d'y renoncer, quand il ne voit ſur ſa table que du riz cuit à l'eau, il n'y touche qu'avec dégoût, il ſemble qu'il ne puiſse avaler ; & la triſteſse de ſon front témoigne bien qu'il ſe croit malheureux. Il ne penſe pas qu'il faut rendre grace au Ciel pour une ſeule aſſiette de riz, s'en nourrir avec joie & reconnoiſ-ſance, & que le Ciel ne manquera pas de punir, par la perte du bon-heur (1), un dégoût accompagné de tant d'ingratitude.

---

(1) Nouvelle preuve qu'un bonheur tem-porel eſt la récompenſe que les Chinois at-

N

Je ne saurois trop vous exhorter, ô guerriers, à rejetter tout ce qui tient au luxe & à la dissipation. Si vous écoutez, si vous suivez mes conseils, vous serez un jour reconnoissants de mon zele & de mes soins pour vous; & je vous proteste en ce moment que vous me trouverez disposé à vous accorder des gratifications qui vous procureront l'aisance & le bonheur.

O vous, princes & grands, que votre retenue serve d'exemple aux guerriers qui vous obéissent. Quand ils verront leurs chefs embrasser des mœurs plus austeres, ils se corrigeront d'eux-mêmes, & ne montreront

tendent du Ciel ; & que la perte du bonheur est la punition qu'ils redoutent.

bientôt que de l'horreur pour cette vie molle & désordonnée qui fait aujourd'hui leurs délices.

Je ne puis regarder mes Manjours avec indifférence. Eh! ne serois-je pas coupable, si je négligeois d'éclairer des hommes qui sont avec moi les mêmes os & la même chair? Comment, hélas! garderois-je le silence, en voyant l'état déplorable dans lequel eux-mêmes se sont plongés?

Les dissipateurs & les hommes perdus condamnent mes loix les plus justes : ils font répéter aux échos que je suis un souverain trop dur.

C'est donc une dureté de ma part d'avoir défendu l'ivrognerie, vice méprisable, qui pervertit la nature de l'homme, qui corrompt toutes ses belles qualités, qui produit les querelles & les haines, qui entraîne après lui le malheur & la ruine?

Est-ce dureté d'avoir interdit à mes guerriers le jeu, qui dépouille les hommes de leur fortune & même de leur subsistance, qui les réduit à la misere, qui est défendu par les loix, & qui, même sans elles, ne manque jamais d'être puni?

Est-ce dureté de leur avoir défendu les spectacles & ces tripots publics où les dissipateurs se rassemblent en foule, & achetent un plaisir bien court, plus que ne peut leur rapporter la solde d'un mois entier?

Est-ce dureté de leur avoir interdit les combats de coqs & de cailles; plaisir qui distrait l'homme de toutes pensées utiles, lui fait négliger ses affaires les plus importantes & jusqu'à ses devoirs, éteint en lui le desir de s'instruire, & le rend enfin l'esclave humble & soumis d'un vil animal ?

Est-ce dureté d'avoir empêché les violences & les fripponneries ?

Est-ce dureté d'avoir défendu aux soldats de faire le service les uns pour les autres ? Convient-il au guerrier de ne pas remplir son devoir, & de sacrifier sa paie à la paresse ? Et, s'il s'agit de combattre, celui qui s'est engagé de risquer sa vie pour son camarade montrera-t-il beaucoup de courage ?

Est-ce dureté d'avoir défendu de vendre, & même d'engager d'avance, comme il se pratiquoit, le

N iij

grain de munition, subsistance nécessaire du soldat, de sa femme &
de ses enfants ? Comment rachetera-
t-il ensuite ce grain que la débauche
lui aura fait donner à vil prix ? Il
faudra donc qu'il périsse avec toute
sa famille ?

Est-ce dureté d'avoir interdit les
dépenses fastueuses pour les maria-
ges & les enterrements, d'avoir or-
donné à chacun de se vêtir suivant
son rang, d'avoir établi une différence entre les hommes titrés & le
vulgaire obscur ? Il valoit mieux,
sans doute, permettre une ruine
générale, pour une sotte envie de
briller !

Est-ce dureté d'avoir défendu de
se faire un métier des procès, d'em-
brouiller la vérité, de l'envelopper

de mille rufes, de rendre l'innocent criminel & le coupable innocent?

Voilà pourtant ce qu'on me reproche! Mais ai-je défendu quelque chofe que je duſse permettre? toutes ces interdictions ne tendent-elles pas à votre avantage? ne les ai-je pas faites pour votre bonheur? Vous fentez tous qu'elles m'ont été dictées par le zele que votre intérêt m'infpire: méritent-elles que vous me témoigniez votre reconnoiſsance, ou que vous m'accufiez de dureté?

Mais il n'eſt que des hommes perdus de vices & de débauches qui ofent m'accufer: ils ne me pardonnent pas de mettre obſtacle à leurs excès. Mes prétendues rigueurs, loin d'infpirer de la crainte aux hommes honnêtes, ne peuvent que leur plaire.

Il me seroit aisé de faire chérir ma clémence & ma douceur aux diſſipateurs, aux débauchés, aux pervers : je n'aurois qu'à les abandonner à leurs pernicieux caprices, à leur diſsolution, à leur ſcélérateſse. Mais je ne puis être leur complice, ni voir d'un œil tranquille le malheur de mes ſujets.

DISCOURS

DU MÊME EMPEREUR

CONTRE LA PASSION DU JEU. *

Ne forcez pas votre empereur, qui n'eſt en effet que votre pere, à n'être plus qu'un juge.

Je vous ai ſouvent répété que nous n'étions heureux que par la vertu : c'étoit aſsez vous faire entendre que nos vices détruiſent néceſſairement la bienfaiſance , la concorde & le bonheur. De tous les vices , je n'en ſache aucun de plus nuiſible que la fureur du jeu.

(*) Ce morceau, traduit par le P. Amiot, a été communiqué en manuſcrit à M. Dufaulx, de l'académie des belles lettres. Ce ſavant littérateur , qui a conſacré ſes ta-

Nous autres Manjours, bons, finceres & fecourables, autrefois attachés à nos devoirs, uniquement occupés du soin de les remplir; nous qui donnions le fuperflu, qui prenions fur le nécefsaire pour affifter les pauvres, nous étions bien différents de ce que nous fommes : nous étions généreux; nos amufements étoient honnêtes, & nos jeux innocents : tout eft changé.

Moi qui vois tout, qui entends tout du fond de mon palais, & qui veille le plus fouvent quand le crime ourdit fa trame dans les ténebres;

lents à la vertu, a refpecté les idées de ce difcours, en les animant par un ftyle plus mâle & plus énergique, & l'a inféré dans fon livre *De la Paffion du Jeu*, imprimé à Paris en 1779. On le trouve auffi dans les

moi qui, vous le favez, détefte le menfonge plus que je ne crains la mort, j'affirme qu'il n'eft point de manie plus féconde en calamités publiques & fecretes, que celle dont il s'agit. Oui, j'affirme qu'il n'eft point d'hommes plus âpres que les joueurs, plus enclins au mal : ils fe feroient horreur, s'ils fe connoiffoient mieux. Je les connois, écoutez donc.

Pourquoi le voleur, & le joueur, qui lui refsemble à tant d'égards, continuent-ils prefque toujours ? Hélas! c'eft qu'ils ont commencé.

---

mémoires de l'académie des infcriptions & belles-lettres. Nous avons cru devoir adopter ici ce petit ouvrage fous la forme que M. Dufaulx lui a donnée, & dans les termes dont il l'a revêtu.

Quiconque ne sait pas réfister aux premieres amorces, attife un feu que bientôt il ne pourra plus éteindre. On ne joue d'abord que par complaifance, ou par défœuvrement : on ne donne que des moments au jeu, puis des heures, puis des jours, puis des nuits entieres ; & c'eft ainfi que la paffion, s'allumant par degrés, dévore le temps, plus cher que l'or, & fait oublier les devoirs les plus facrés.

L'habitude une fois confirmée, les joueurs ne connoifsent plus, ne refpirent plus que le hafard. Leur rage ne finit pas avec les aliments qui la nourrifsent. Au lieu de fe retirer du jeu lorfqu'ils ont tout perdu, ils y fechent d'impuifsance, mais ils regardent jouer.

L'un abandonne ſes fonctions publiques ; l'autre néglige l'art dont il tiroit ſa ſubſiſtance & celle de ſa famille. Incapables de tout, ils ne rêvent qu'au jeu. Pour y ſuffire, ils vendent leurs maiſons, leurs terres : puiſqu'ils ſe tuent, ils ſe vendroient eux-mêmes ; tant le deſir & l'eſpérance les aveuglent !

Les inſenſés ! que veulent-ils ? qu'eſperent-ils ? nous ruiner impunément ? La ruine à ce métier eſt le partage du plus grand nombre : ceux qui proſperent aujourd'hui, demain ſeront dans la miſere. Cependant ils triomphent, ils ne doutent plus de rien, lorſqu'ils ont dépouillé quelqu'un : attendez, ils ſeront dépouillés à leur tour.

Malgré le ſuccès, on les fuit,

on les déteste. Les honnêtes gens les montrent de loin, comme la terreur & l'opprobre de leur pays : Gardez-vous-en bien, disent-ils ; le besoin qui les tourmente suppose tous les vices, ou les suggere.

Irascibles, & néanmoins perfides, tantôt ils poignardent pour un geste, pour un mot, tantôt ils trompent, ils poufsent dans le précipice les compagnons de leurs débauches.

Quelle est la fin d'un joueur ? Demandez-le à ceux dont les amis se sont exilés de cet heureux climat ; à ceux dont les parents se sont tués pour éviter le supplice : interrogez sur-tout ces peres qui, pour avoir négligé leurs enfants, porteront jusqu'au dernier soupir le deuil de l'honneur.

Je défends le jeu. Si quelqu'un brave mes ordres, il bravera la providence, qui n'admet rien de fortuit ; il contredira le vœu de la nature, qui nous crie : Espérez, mais travaillez ; les plus actifs seront les mieux traités.

La nature, notre mere commune, n'a jamais abandonné ses enfants : ne les a-t-elle pas nourris à l'insu des ravisseurs de toute espece, puisque les générations, plus ou moins florissantes, se sont toujours succédé, & que la race humaine subsiste encore ?

Si j'étois mieux secondé, le soleil ne verroit pas un pauvre dans l'étendue de mon empire. Que peut la volonté d'un seul contre les volontés ambitieuses & discordantes de tant de millions d'hommes qui ne foupirent qu'après le fuperflu, dont la mefure ne fe comble jamais ?

C'eſt ce foupir éternel, ce sont ces vœux infatiables qui font les joueurs, qui les proſternent aux pieds de leurs idoles : comme fi le sort, le hafard ou le deftin leur devoient des préférences ; ou plutôt comme fi ces êtres fantaſtiques avoient des yeux & des oreilles pour les voir & les entendre.

Il eſt naturel, fans doute, & légitime de chercher à s'enrichir par des moyens honnêtes : l'émulation générale eſt au profit de tous ; auffi n'ai-je rien négligé pour la maintenir & l'augmenter.

Dès le commencement de mon

regne, je fis fentir, par des actes authentiques, que l'émulation & la liberté étoient les feuls moyens de bannir le luxe, la mollefse, les jeux de hafard; de remédier, autant qu'il eft poffible, à l'inégalité des richef-ses. Je n'oubliai pas fur-tout d'ap-planir le chemin de la fortune aux indigents, qui ne le sont plus que par leur faute.

J'ai fait ce que j'ai pu : quoi que j'eufse fait, je n'aurois pas triom-phé des abus renaifsants qu'entraî-nent tant de paffions contraires; je n'aurois pas même garanti la pru-dence, des revers inopinés : mais celle-ci, bien différente de la fureur que je profcris, fait que tôt ou tard la patience & la vertu furmontent le malheur, ou du moins le rendent vénérable. O iij

Officiers, foldats, & vous qui m'appartenez par les liens du fang, fi vous m'aimez, fi vous refpectez votre prince, ne foyez pas des joueurs. Chargés du foin de protéger nos frontieres, de maintenir l'ordre dans l'intérieur de mes états, vous devez l'exemple des mœurs & de la juftice, dont vous êtes les foutiens.

L'honneur, le travail, l'économie : voilà les fources où vos pareil-doivent puifer pour le préfent & l'avenir. Vous avez votre paie, ménagez - la : quelques uns ont des terres, qu'ils les fafsent valoir ; & quand les moifsons feront abondantes, qu'ils fongent à la ftérilité.

N'allez pas cependant imiter ceux qui deviennent avares en cefsant d'être prodigues : jouifsez, mais faites jouir ; car vous pouvez devenir pauvres.

Je vous ai montré ce que c'eft que la fureur du jeu : puifsent mes préceptes étouffer dans vos cœurs cette paffion qui confterne le mien !

Vous m'avez entendu. Je le dis à regret, Manjours, il faut pourtant le déclarer : je punirai les infracteurs quels qu'ils foient ; je les punirai, vous dis-je, fût-ce mes propres fils.

Pour la derniere fois, il en eft temps encore, que les joueurs fe corrigent, mais fans délai.

FRAGMENT

DE L'EMPEREUR KIEN-LONG *

SUR LA CHASSE.

Nos ancêtres ont marché fur les traces de la vertueufe antiquité : ils ont envifagé la chafse fous les points de vue qui sont véritablement dignes du sage. Ils ont chafsé pour

---

(*) Après avoir recueilli des pensées morales de tous les auteurs chinois qu'on nous a fait connoître, nous ne pouvions omettre l'empereur Kien - Long. Nous avons choifi dans fon Éloge de la ville de Moukden le feul pafsage qui eût quelque rapport à notre objet, & nous n'avons fait que tranfcrire la traduction du P. Amiot.

Moukden, dont l'écrivain couronné a

se procurer un divertissement honnête ; ils ont chassé pour assurer aux possesseurs des champs les productions de la terre qu'ils cultivoient ; ils ont chassé pour empêcher que les bêtes qui peuvent nuire à l'homme ne se multipliassent trop ; ils ont chassé enfin pour pouvoir exercer leurs cérémonies & pratiquer leurs rites. (1)

Et qu'on ne croie pas que la chasse

---

fait le sujet de son poëme, est une ville des Manjours située sous le 41e degré 50 minutes 30 secondes de latitude, & au 7e degré 11 minutes 50 secondes de longitude, à compter du méridien de Pékin. Elle est indiquée sur quelques unes de nos cartes sous le nom de Chéniang.

(1) A chaque saison de l'année les Chinois avoient quelque cérémonie qui avoit

leur ait jamais dérobé un seul des moments qu'ils devoient ailleurs. Qu'on ne s'imagine pas qu'ils l'aient faite indifféremment dans toutes les saisons. Jamais ils n'empêcherent l'utile mûrier de pousser sa tendre feuille, ni ceux dont elle fait la richesse de la cueillir : jamais ils ne manquerent d'ensemencer la terre, de la cultiver à propos, & de faire la récolte au temps prescrit. On ne les vit point élever de hautes murailles autour d'un vaste terrein,

---

rapport à la chasse. Au printemps, on choisissoit les chasseurs, & on les envoyoit déterminer le lieu où se feroit la chasse : en été, on les envoyoit épouvanter les bêtes & les empêcher de nuire : & en automne, on faisoit la grande chasse pour détruire les animaux nuisibles. (Note du P. Amiot.)

l'agrandir enſuite, puis l'augmenter encore, pour en faire un parc
immenſe, composé de ce qui ſer-
voit auparavant à la ſubſiſtance du
peuple.

F I N.

APPROBATION.

J'ai lu, par ordre de Monseigneur le Garde des Sceaux, LA TRADUCTION DES PENSÉES MORALES DES AUTEURS CHINOIS, par M. LEVESQUE. On saura gré au Traducteur d'avoir recueilli ces pensées, la plupart d'un sens exquis, & de les présenter avec autant de noblesse que de précision.

A Paris, ce 19 Janvier 1782.

GUYOT.

www.ingramcontent.com/pod-product-compliance
Lightning Source LLC
LaVergne TN
LVHW050752200726
843507LV00001B/108